CEO가
고민해야 할
25가지

CEO가 고민해야 할 25가지

박세연 지음

오브제 방식으로 서술한 실전 경영학
조직의 리더들이 꼭 알아야 할 경영의 기본

이 책을

"처음 CEO가 되신 분에게

처음 임원이 되신 분에게

처음 조직의 리더가 되신 분에게"

드립니다.

어느 날 갑자기 CEO가 된다면?

누구든지 어느 회사의 CEO로 내정되었다는 통보를 받는다면 정말 기쁠 것이다. 한 기업에 입사하여 임원이 되는 것도 일부에 게만 주어지는 기회인데, CEO 반열까지 오른다면 30년 정도 열심히 일한 샐러리맨들에게는 그동안의 노력을 한순간에 보상받는 것이리라. 그러나 이러한 기쁨을 즐기는 시간도 잠시, 당장 CEO로서 무엇부터 해야 할지 고민이 되기 시작한다. 나 역시 일순간 막막하고 머릿속이 제대로 정리되지 않았던 경험이 있다.

나는 현재 포스코 계열사 CEO로서 세 번째 회사의 경영자로 있다. 세 번 모두 CEO 취임을 일주일 혹은 보름 전에 통보받았다. 전지전능한 선지자가 있어서 1년 전, 반년 전, 아니 1개월 전에라도 미리 알려 주기만 한다면 사전에 회사현황을 분석하는 등 준비를 하겠지만, 현실은 전혀 그러하지 않다. 포스코에서 오랜 기간 근무하면서 리더십교육, 재무교육, 경영자 과정 등 인재육성 차원에서 실행되는 여러 교육혜택을 충분히 받았고, 교육내용을 팀장이나 그룹장, 임원으로 재직하면서 실전에 적용해 본 경험도 있지만, 매번 업종이 다른 회사에서 수장 역할을 하는 것은 생각만큼 쉽지 않아 내심 걱정을 하면서 부임하였다.

전문경영인으로 처음 부임한다면 누구든지 나와 같은 걱정이 앞설 것이라는 생각이 들었다. 나는 그러한 경험을 두 차례 이상 했기에 그동안의 시행착오를 돌이켜 보면서 나의 경험을 글로 남겨 놓는다면, 처음 CEO를 맡으신 분들에게 어느 정도 도움이 될 것 같았다. 또한 조직 내에서 일정 기간 상당한 경력을 쌓은 미래의 CEO분들이 향후 본인들이 수행해야 할 역할에 대해서 예습을 통하여 미리 챙겨볼 필요가 있다는 판단도 들었다.

나는 행운아라고 생각한다. 내가 두 번째로 CEO를 맡은 곳이 '승주컨트리클럽'을 운영하는 '주식회사 승광'이었다. 승주컨트리클럽은 전남 순천에 소재한 27홀 규모의 회원제 골프장으로, 개장한 지 20년 되는 명문 골프장이다. 골프장은 이용자 입장에서 3차 산업인 서비스업으로 보지만, 사실 운영하는 임직원 입장에서 보면 잔디와 수목 관리 등 농업과 임업을 기반으로 하는 1차 산업이 근간을 이루고 있다고 해도 과언이 아니다. 비가 안 오면 농부의 마음으로 비를 기다리고, 다른 지역 산불소식을 들으면 내 가슴이 내려앉는 느낌이 드는 전형적인 농업과 임업에 종사한다는 사실은 잘 모른 채, 일반적으로 골프장 경영자로 가면 폼 나고 운 좋은 사람으로 생각하는 경향이 있다. 그러나 여기서 내가 운이 좋다는 것은 다른 의미다. 2차 산업인 철강제조회사 포스코에서 27년간 일을 했으며, 그 다음은 3차 산업인 광고서비스회사

'포레카 커뮤니케이션즈'에서 2년간 대표이사로 있었고, 1차 산업이 핵심 관리대상인 '승주컨트리클럽' CEO로 근무하였으니 1차, 2차 그리고 3차 산업을 다 경험해 보는 CEO가 된 게 나에게는 행운이라는 것이다.

처음 CEO 취임 시에는 신설 광고회사여서 할 일이 너무 많아 경황없이 지나갔지만, 두 번째 그리고 세 번째로 자리를 맡고 보니 다소 여유가 생겼다. 이는 CEO의 역할에 대해 나 나름의 가치관이 정립되었기 때문이라고 본다. 실제 대기업에서 오랫동안 한두 분야에 근무하다 보면 전체를 보는 식견이 좁아지는 경우가 발생한다. 특히 기술계통에만 근무하면 당장 회계적인 지식이 부족할 수 있으며 전략수립, 인사, 노무, 마케팅 등 전문 스태프 영역에 대해서도 어느 정도 지식이 있어야 한다. 경영학 서적으로 이론적인 것은 익힐 수 있으나, 이러한 이론을 실질적으로 어떻게 적용할 것인지는 잘 알 수 없다. 예를 들어 현금이 부족하면 '장기부채, 신주발행, 저리융자 순으로 차입하면 된다'고 이론적으로 책에 나와 있다. 그러나 실제 현금을 차입하려고 하면 담보나 기업 재무상태 등 여러 요소가 고려되고, 금융권에 대한 지식이나 인간관계 등과 관련한 부대적인 일들이 발생하여 생각만큼 자금 차입이 쉽지 않다. 이렇듯 전문지식이 부족하면 아랫사람의 보고에 의존할 수밖에 없다. 그러면 추상적인 의견에도 따라가기 쉽고, 중요한 일과 그렇지 않은 일을 구분하는 기준도 모호해진다. 열심히 하고는 있지만, 제대로 조합이 맞지 않는다는 것을 느낄 것이다.

CEO 역할을 수행하면서 겪은 시행착오를 돌이켜 보며, CEO 역할에 대해 다시 한 번 생각해 보는 기회를 가졌다. 조직의 수장으로서 한 기업을 운영하는 데 있어 이러한 점들은 반드시 알고 있어야 한다는 생각이 들어 그동안 모아 둔 자료와 사례를 정리해 보았다. 이 책에서는

- CEO 역할에 대해 생각해 볼 점

- 전략적 관점에서 고민해야 할 일

- 운영에 있어 고민해야 할 일

- 개인 차원에서 고려해야 할 점

총 4개의 큰 틀로 구분하고 이를 다시 25개 항목으로 나누어 상세히 언급하였다. 25개 항목은 내용을 일일이 읽지 않더라도 제목만으로 일정 부분 공감할 수 있다고 본다. 처음 CEO가 되신 분을 대상으로 집필하였지만, 처음 임원이 되셨거나 소식의 리더가 되신 분에게도 일견할 가치가 있는 내용이다.

목차를 매긴 순서는 나름대로 전략적이고 중대한 차원에서 고

민해야 할 사항을 우선순위에 두었으나, 개인마다 추구하는 가치관이 다르기에 우선순위를 바꿀 수도 있다. 각 제목에 해당되는 분야별로 많은 전문서적이 시중에 나와 있다. 예를 들어 전략, 고객, 신뢰, 소통 등에 대해서도 해당 분야의 전문가들이 여러 종류의 좋은 책을 집필하였다. 전문적인 지식은 추후 이러한 책들을 구입해 정독하면 얻을 수 있다. 여기에서는 내가 경험한 실전사례를 근간으로 경영학 이론 일부를 조합하여 정리했다. 아울러 중간중간 들어 있는 그림이나 자료들은 일상적으로 성찰이 필요한 내용이라고 생각되어 모아 두었던 자료들을 이해를 돕기 위해 편집하거나 재구성한 것이다. 그중에는 내가 직접 메모한 것도 있다. 이러한 자료를 덧붙여서 만든 책이기에 미술계에서 사용하는 '오브제 방식'이라는 용어를 소제목으로 붙였다.

정약용은 한양에서 남도로 귀양 가서 500여 권의 저서를 집필하였다고 한다. 사마천도 치욕스런 궁형을 받고 나서 사기를 완성하였듯 변화의 파장이 클수록 여기에 적응하는 인간의 도전의지도 강한 듯하다. 평탄한 삶에서는 새로운 뭔가가 나오지 않는 것 같다. 이 책 원고는 주로 승주컨트리클럽 CEO 재직 중에 작성하였다. 서울에서 순천으로 근무지를 이동하면서 새로운 일을 도모한 것이 하나 둘 모여 이번에 한 권의 책으로 나오게 된 것이다. 그

동안 함께 근무하면서 나에게 통찰의 지혜를 날라다 준 포레카 커뮤니케이션즈 임직원, 승주컨트리클럽 임직원과 경기도우미, 포스메이트 임직원들에게 감사의 마음을 전한다. 아울러 '리더십 교본'으로서 저의 영원한 정신적 '멘토'이신 고 박태준 회장님, 세계 철강업계의 '아이언 맨'으로서 저를 이끌어 주신 포스코 정준양 회장님, 인사교육 분야의 '대가'로서 저의 내공을 길러 주신 포스리 최종태 부회장님께 이 자리를 빌려 감사 인사를 올린다.

원고를 탈고하면서, 다시 태어나도 반드시 그녀를 선택할 수밖에 없도록 30년 동안 나의 부족한 부분을 채워 준 나의 아내 '순득'에게 '사랑한다'는 말을 다시 한 번 전한다.

2013년 7월, 왕지동 우거에서 순천만을 바라보며

박세연

●CONTENTS

CEO, 그는 누구인가?

2012년 5월 29일 순천시 연향동 소재 현대아파트 옆 담을 따라 지나다가 담쟁이 덩굴이 벽을 타고 오르는 것을 보고 스마트 폰으로 찍은 사진이다. 도종환 시인의 「담쟁이」라는 시의 마지막 구절인 '담쟁이 잎 하나는 담쟁이 잎 수천 개를 이끌고 결국 그 벽을 넘는다'에 나오는 '담쟁이 잎 하나'의 역할 바로 그것이 CEO의 역할이라 생각하며 이 질문에 답을 한다.

담쟁이

도종환

저것은 벽

어쩔 수 없는 벽이라고 우리가 느낄 때

그때

담쟁이는 말없이 그 벽을 오른다.

물 한 방울 없고 씨앗 한 톨 살아남을 수 없는

저것은 절망의 벽이라고 말할 때

담쟁이는 서두르지 않고 앞으로 나아간다.

한 뼘이라도 꼭 여럿이 함께 손을 잡고 올라간다.

푸르게 절망을 다 덮을 때까지

바로 그 절망을 잡고 놓지 않는다.

저것은 넘을 수 없는 벽이라고 고개를 떨구고 있을 때

담쟁이 잎 하나는 남생이 잎 수천 개를 이끌고

결국 그 벽을 넘는다.

제1장

CEO 역할에 대해
생각해 볼 점

국내 대기업의 전문경영인 대표이사는

- 대표이사가 된 나이 **57.8세**
- 대표이사로 일한 기간 **4.03년**
- 유학 경험 있는 대표이사 **13.7%**
- 서울대 연세대 고려대 졸업자 **62.6%**
- 신입공채로 입사해 한 회사에서만 근무 **63.5%**
- 퇴임 후 활동

창업 및 오너경영인 — 2
국회의원 — 2
타사 전문경영인 — 14
단위: 명

조사 대상: 자산규모 상위 30대 민간 기업그룹 내 주요 계열사 71곳의 2000년 이후 전현직 전문경영인 대표이사 219명.

대기업 전문경영인 대표이사는 모든 샐러리맨의 꿈이다. 대표이사는 월급쟁이들이 오를 수 있는 최정상의 자리이기 때문이다. 국내 대기업의 전문경영인 대표이사들은 평균 57.8세에 대표이사가 돼 4.03년간 일하며, 10명 중 6.35명이 신입공채로 들어와 한 회사에서만 일한 '충성파'로 나타났다. 자산규모 상위 30대 민간 기업 주요 계열사 71곳의 2000년 이후 전·현직 전문경영인 대표이사 219명의 프로필을 조사한 결과다. 국내 대표이사의 재임 기간(4.03년)은 글로벌 기업 대표이사보다는 2~3년 짧다. LG경영연구원은 지난해 11월 '글로벌 기업 CEO 프로필'에서 미국 경제지 「포천」이 선정한 글로벌 500대 기업 중 상위 150대 기업 대표이사의 현직 평균 재임기간은 6.1년, 전임 평균 재임기간은 7.5년이라고 밝혔다.(동아일보 2011년 7월 15일자)

01

CEO 역할을
명확히
정립하라

🪑 2010년 5월 24일 월요일. 이틀 후 수요일에 전략대학 설립과 관련한 회장님 최종 보고가 있는 날이어서 여느 아침 출근 때보다 더 긴박한 마음으로 포항 인재개발원에 도착, 8시 30분부터 간부회의를 소집하여 최종 보고안을 마무리하고 있었다. 갑자기 책상 위의 전화벨이 울리면서 전화기 디지털 창에 1003번이 뜨는 것을 보고 총괄사장님 전화라는 것을 알고 수화기를 들었다.

"HRD전략그룹 박세연입니다."

"박 상무, 가급적 금일 서울로 상경해 주기 바랍니다. 상의할 일이 있습니다."

"사장님, 혹시 무슨 건인지 미리 말씀해 주시면 관련 자료를 준비해 가겠습니다."

"별다른 자료는 필요하지 않고 나와 면담을 했으면 합니다. 가급적 오전에 비행기를 타면 좋겠습니다."

전화를 끊고 바로 포항에서 서울로 올라가는 비행기에 몸을 실었다. 사장님께서는 내가 포스코에서 100% 출자한 신설 광고회사 '포레카'의 대표이사로 선임되었다는 사실을 통보하시면서, 6월 8일에 회장님을 모시고 출범행사와 사무실 개소식을 하라고 말씀하셨다. 그날 면담 이후 6월 8일까지 2주 동안 전쟁 치르듯이 보냈다는 것은 따로 기술하지 않더라도 독자분들이 직감할 것이라는 생각에 생략하기로 한다.

2012년 3월 13일 화요일. 포레카는 출범 이후 1년 10개월 동안 매출액 등 회사 규모가 매우 커져서 서너 군데 분산되어 있던 사무실을 한 곳으로 집결하고자 선릉역 인근 건물을 대상으로 새로운 사무실을 물색하였다. 실내 단장을 하고 3월 29일 이사 준비로 정신이 없는 가운데, 비서가 포스코 총괄사장님 전화를 연결해 주었다.

"네, 포레카 박세연입니다."

"박 사장, 이번 3월 19일부로 '승광'을 맡아 주어야겠습니다. 순천에 있는 승주컨트리클럽 말입니다. 그동안 포레카에서 고생도 많이 하였는데 한 번 더 어려운 곳에 가서 경영을 해 주어야겠습니다."

"네, 사장님. 지금 바로 본사로 들어가서 말씀을 듣겠습니다."

"상세한 이야기는 나중에 하고, 후임자에게 인계할 준비를 하기 바랍니다."

이 전화를 끊고 6일이 지난 3월 19일 아침 순천시에 소재한 승주컨트리 클럽하우스에서 대표이사로 취임식을 가졌다.

나는 현재 포스코 계열사 CEO로서 세 번째 회사에 경영자로 있다. 세 번 모두 CEO 취임을 일주일 혹은 보름 전에 통보받았다. 전지전능한 선지자가 있어서 1년 전, 반년 전, 아니 1개월 전에라도 미리 알려주기만 한다면, 사전에 회사현황을 분석하는 등 준비를 하겠지만, 현실은 전혀 그러하지 않다. 포스코에서 오랜 기간 근무하면서 리더십교육, 재무교육, 경영자 과정 등 인재육성 차원에서 실행되는 여러 교육혜택을 충분히 받았고, 교육내용을 팀장이나 그룹장, 임원으로 재직하면서 실전에 적용해 본 경험도 있지만, 매번 업종이 다른 회사에서 수장 역할을 하는 것은 생각만큼 쉽지 않아 내심 걱정을 하면서 부임하였다.

전문경영인으로 처음 부임한다면 누구든지 나와 같은 걱정이 앞설 것이라는 생각이 들었다. 나는 그러한 경험을 세 번이나 했기에 그동안의 시행착오를 돌이켜 보면서 나의 경험을 글로 남겨 놓는다면, 처음 CEO를 맡으신 분들에게 어느 정도 도움이 될 것 같았다. 또한 조직 내에서 일정 기간 상당한 경력을 쌓은 미래의 CEO들이 향후 본인들이 수행해야 할 역할에 대해서 예습을 통하여 미리 챙겨볼 필요가 있다는 판단도 들었다.

일반적으로 기업의 목표는 이익극대화, 시장점유율 제고, 매출

증대, 기업생존, 사회적책임 완수, 주주가치 극대화 등 여러 가지로 언급되고 있다. 소유와 경영이 분리된 주식회사의 전문경영인으로 보임된 CEO와 같은 대리인의 경우 임기가 제한적이어서 임기 중에 업적을 내어야 한다는 생각이 많이 든다. 물론 중장기적인 계획을 가지지 않는 것은 아니지만 단기 업적주의로 생각하기 쉽다는 것이다. 그래서 지속적인 이익실현이 요구되고, 이를 위한 조직운영을 제대로 하고 있는지가 이해관계자의 관건이 된다. 결론적으로 CEO로 보임된 경우 반드시 머릿속에 넣어 두어야 할 두 가지 중요한 역할이 있다. 내 경험으로 보면 하나는 CEO 본연의 임무, 즉 기업설립의 목적인 '이익창출'이고, 다른 하나는 조직의 수장으로서 '리더십 발휘'라고 할 수 있다. 기업 내 모든 활동 목표를 이 두 가지 중심축에 두고 추진하면 CEO 역할을 제대로 할 것이라 믿어 의심치 않는다.

먼저 '이익창출'에 대해 이야기하고자 한다. 사람에 따라서 기업의 목표를 매출증대, 고객만족, 사회기여 등으로 이야기하는 경우가 있다. 그러나 경영·경제학적 관점에서 볼 때 기업의 목표는 아주 단순하다. '이익극대화(profit maximization)'라는 단어 하나로 집약된다. 원래 기업이란 주주(shareholder)가 출자하여 기업을 설립하고, 직원을 고용하고, 원료를 구매하여 제품을 만들고, 이를 고객에게 팔거나 서비스를 창출함으로써 이익을 취할 목적으로 설립된 조직이기 때문이다. 종업원 또는 원료공급자는 미리 정한 임금 또는 구매비용을 지급받으면 거래관계가 종료된다. 그러나 주주는 제품과 서비스를 판매한 최종 금액에서 종업원 임금과 원료구매 비용을 지급한 나머지를 취하게 된다. 이렇게 주주에게 귀속되는 대가는 때론 손해 또는 이익이 될 수 있는 불확실한 대가이다. 그러므로 불확실성을 상쇄하고 회사의 영속성을 유지하기 위해서는 이익을 극대화하여 주주에게 투자에 대한 확실한 보상을 해 주어야 한다. 이러한 기업의 이익극대화는 기업 가치창조(value creation)의 극대화를 의미한다. 만일 기업이 종업원을 고용하고 원료를 구매하여 생산활동을 한 후, 임금과 구매비용을 지불하고 남은 이익이 없다면 그 기업의 가치창출은 영(0)이다.

나는 수년 동안 계열사 사장단 회의에 참석해 보았기 때문에 적자 나는 회사의 CEO는 보고하는 목소리도 작고 뭔가 적자의 사유를 설명하고자 구차한 이야기를 할 수밖에 없다는 것을 잘 안다. 한 기업의 전문경영인인 CEO는 주주로부터 경영을 위임받은 사람이기에 주주의 이익을 늘려 주고 새로운 가치를 창출하기 위해 최선의 노력을 기울여야 하는 것은 당연하다. 적자를 내는 CEO는 주주 입장에서 곱게 보일 리 없을 것이고, 이러한 일이 자주 또는 연속적으로 발생하면 임기가 짧아지게 마련이다.

CEO의 두 번째 역할은 맨 앞에 서서 조직을 견인해 나가야 한다는 것이다. 자신의 길을 스스로 만들어 가야 하며, 경우에 따라서는 모든 마지막 결정을 혼자 해야 하는 부담을 가진다. 그러기에 수없는 고민과 번민의 밤을 홀로 보내는 경우가 많다. 보임 사실 자체는 기쁜 일이지만 종전에 기능적 조직의 일부를 담당하던 중역이나 중간관리자 같은 리더 역할과는 그 차원이 다르다고 생각해야 한다. 내 경험으로 보면 직위가 낮을수록 직위가 높은 사람에게 의존해 의사결정을 하는 경우가 많다. 소위 말해서 자기 의견이 다소 미흡하거나 틀리더라도 이를 수정해 줄 수 있는 상급자에게 기댈 여지가 있다는 것이다. 그러나 조직의 정점에 있는 CEO의 경우 한 번 잘못된 의사결정으로 인하여 조직 전체에 많은 영향을 줄 수도 있기에 항상 신중하고 명확한 생각을 객관적으로 해야 한다. 아울러 모든 고민거리는 CEO에게 올라오게 되며 조직 전체 구성원은 CEO의 처신을 주시하며 자신들의 미래를 점칠 수도 있다.

야후 '메이어효과'?

<새 CEO>

4년만에 매출 증가

위기의 야후가 메이어 리더십 효과로 4년 만에 처음으로 매출 증가세를 보였다.

28일 마리사 메이어 최고경영자(CEO·사진)는 지난해 연간 매출이 전년보다 2% 늘어난 45억달러(약 4조8900억원)로 4년 만에 처음으로 증가했다고 밝혔다. 야후의 지난해 4분기 매출은 전년 같은 기간보다 약 4% 늘어 12억2000만달러(약 1조3300억원)를 기록했다.

야후는 디스플레이 광고 부문에서 부진한 성적을 보였지만 광고 단가 인상과 더불어 검색 광고 부문에서 매출이 증가해 이를 만회했다고 블룸버그가 전했다.

야후의 지난해 4분기 검색광고 매출은 전년 동기보다 14%가량 증가했으며 연매출은 전년보다 3.8% 늘었다. 반면 작년 4분기 디스플레이 광고 매출은 5%가량 감소했다.

미국 디스플레이 광고시장에서 야후가 차지하는 비중도 지난해 9.3%를 기록해 전년보다 1.7%포인트 가량 낮아졌다고 시장조사업체 이마케터가 밝혔다.

야후의 지난해 4분기 주당순익(특별항목을 제외)은 32센트를 기록해 전문가들 예상치인 28센트를 상회했다고 로이터통신이 보도했다. 다만 특별항목을 포함한 작년 4분기 순익은 2억7200만달러(주당 23센트)로 전년 동기의 2억9500만달러(주당 24센트)보다 줄었다.

이번에 발표한 4분기 실적은 지난해 7월 메이어 CEO가 구글에서 야후로 영입된 이후 첫 분기 실적이다. 스카우트 당시 임신부였던 메이어의 영입을 놓고 세간에서는 메이어의 리더십이 위기의 야후를 구해낼 수 있을지 의구심을 갖는 시각이 적지 않았다. 하지만 메이어 CEO는 그간 언론과의 인터뷰 등에서 검색사업 강화에 총력을 기울이겠다고 강조한 바 있다.

야후 주식은 메이어 CEO가 취임한 이후 30% 올랐으며 이날은 실적 발표 후 시간 외 거래에서 3% 넘게 급등했다.

정슬기 기자

CEO가 바뀌게 되면 조직혁신과 추구하는 방향에 따라 성과도 달리 도출된다. 새로운 CEO 효과는 분명 모든 조직에 나타난다.(매일경제 2013년 1월 30일자)

2010년 9월 중순은 나로서는 매우 어려운 처지에 놓여 있었다. 그 해 6월에 설립된 포레카가 운영 3개월 만에 자금난을 겪게 된 것이었다. 회사설립 전 당초계획은 연간 수주액을 450억 원 정도로 계획했으나 280억 원 정도로 하향 조정되면서 물량 확보가 어려워 단기적으로 자금난을 겪게 되었다. 이는 일부 기능수행에 따른 인력을 채용하였으나 해당 부서에 일감이 없어 공헌이익을 가져오지 못하다 보니 고정인건비가 자금난을 부른 것이었다. 이 여파로 인해 어렵게 확보한 경력사원 사이에 동요가 생기고 조직 전체가 불안정해졌다. 외부적으로는 자금 확보를 위해 동분서주하면서 내부적으로는 조직을 아우르기 위해 직원면담을 실시하는 등 초창기 CEO로서 리더십을 발휘하는 데 상당히 애를 먹은 기억이 난다. 당시 내가 느낀 것은 엄청난 중압감이다. 나 자신에게 의지하고, 좋은 해결책을 가지고 올 것이라는 직원들의 기대가 바로 중압감으로 나타난 것이다. 조직을 맨 앞에서 견인해 나간다는 생각을 해 보면 CEO는 번민이 많을 수밖에 없다.

변화의 시대는 항상 새로운 리더를 요구한다. 70여 년 동안 리더십 연구가 진행되었으나 성공하는 리더에 대한 객관적인 기준이 부재하고, 리더십에 대한 정의도 수백 가지나 된다. 그러나 분명한 것은 CEO는 조직의 정점에서 그들을 이끌어 나가야 한다는 점이다. 그들에게 영향력을 행사하여 조직이 추구하고자 하는 목표를 달성하는 것이 CEO의 중요한 역할이라고 생각한다.

SINCE 1995

業務推進 方向

1. 나 자신이 추진하는 일은 선견과 예측가능
   한 일정관리로 절대 소홀함이 없도록 한다.
   (리더쉽)

2. 나 자신이 의사결정을 함에 있어 공정, 청렴,
   정직을 토대로 한점 부끄럼이 없도록 한다.
   (윤리경영)

3. 나 자신이 수행하는 모든 업무는 근본적인
   측면에서 재구조화하고 시행결과를 분석,
   피드백을 반복한다. (변화와 혁신)

4. 나 자신이 능력개발모습을 보여줌으로서
   타의 모범이 되어 존경받을수 있는 리더가
   되도록 한다. (평생교육)

5. 나와 함께하는 모든 직원들이 출근하고
   싶고, 퇴근하기 아쉬운 일터가 될 수 있도록
   조직분위기를 선도한다. (조직몰입도)

1995년 1월 1일 포스코에서 처음 팀장이 되고 나서 나름대로 5가
지의 업무추진 방향을 만들었다. 이후 매년 새로운 회사수첩을 받
으면 맨 첫 장에 이 글을 끼워 넣는다. CEO가 된 지금에는 경영
철학으로 활용하면서 전체 조직분위기를 이 방향으로 이끌어 가
고 있다. 오래 전에 만들어 표현이 다소 어색하나 내용상으로는
경영철학으로 보아도 손색이 없다는 생각이다.

02

조직을 장악하고
경영철학을
설파하라

어떤 회사의 CEO를 맡는다면 가장 먼저 필요한 게 조직을 장악하는 것이다. 조직을 장악한다는 것은 회사라는 조직이 부여하는 본연의 일과 미션, 재무상태, 고정자산 현황, 인력현황 등을 제대로 파악하는 것이다. 더 나아가서는 고유의 사업과 관련된 일 외에도 조직이 존재하면 반드시 발생되는 비공식적인 내부 분위기 등 회사 전반에 대한 사항을 총체적으로 파악하는 것이다. 가급적 단기간 내에 조직을 장악해야 자신이 이 회사를 어떻게 꾸려 나갈 것인지를 설계할 수 있고, 회사와 관련된 기존의 비전 롤링, 사업전략의 방향 설정 혹은 목표 수정 등을 CEO 의중대로 할 수 있다. 이는 한 회사의 CEO뿐만 아니라 일반 단위 조직의 리더로 부임하더라도 마찬가지다.

신입사원이나 중견경력사원으로 입사하여 수십 년간 근무한 후 내부승진으로 대표이사기 된다면 회사 사정에 대해 많은 것을 알고 있기에 조직을 장악하기가 훨씬 쉬울 것이다. 그러나 내부승진으로 CEO가 되는 딱 한 사람을 제외하고는 계열사나 다른 회사의 대표이사로 부임하게 되는 경우가 대부분이다. 이렇게 다른 회사의 CEO로 가는 경우 다음과 같은 몇 가지 사항이 새로 부임한 CEO가 초기에 조직을 장악하는 데 걸림돌로 작용할 수 있다.

첫째, 조직 구조에 익숙하지 못하고, 조직 내에 존재하는 비공식적인 정보 및 소통 네트워크를 잘 알지 못한다. 둘째, 새로운 회사의 업종에 익숙하지 못하고, 문화를 잘 이해하지 못해서 적응하는 데 다소 시간이 소요된다. 셋째, 내부승진과 달리 새로운 인물에 대해서 잘 모르기 때문에 신뢰관계가 형성되어 있지 않다. 새로 부임한 대표이사와 임직원 간 호불호에 대한 탐색의 시간이 걸린다.

일반적으로 건설공사의 경우 공정기간이 늘어나면 투자에 대한 자본비용이 더 들게 되어 완공을 하고 나서도 실제 투자비용 회수기간이 늘어나 투자효율성은 떨어진다. 조직의 경우도 마찬가지다. 새로운 경영자가 부임하고 나서 초기에 조직현황을 파악하는 기간이 길어지면 그 기간만큼 일상적인 진행업무만 추진되고 전략적인 일들은 제자리걸음을 하여 관련 비용이 더 들고, 구조조정이나 사업계획의 롤링 등 부임 초창기에 해야 하는 조직의 혁신속도도 떨어지게 된다. 그래서 가급적 단시일 내에 조직현황을 전부 파악하여야 하며, 늦어도 한 달을 넘기지 말라는 것이다. 물론 새로운 회사를 창립한 경우와 기존 회사의 대표이사로 가는 경우는 입장이 다소 상이하다는 것을 알고 있다. 새로운 회사는 CEO가 마음먹은 대로 조직을 그려 나갈 수 있지만 초창기 회사이기에 영업 이외에 신경을 써야 할 것이 무척이나 많다. 그러나 조직을 자기가 생각하는 방향으로 충분히 꾸려 나갈 수 있다는 것이 유리하다. 반면 기존의 회사는 기본적인 프로세스가 작동하기에 기본적인 사항은 편승해 가면 되지만, 이미 고착화되어 있는 것을 새롭게 변화시키는 것은 매우 어렵다는 게 문제이다. 혁신과 변화관리를 함께 해야 하는 것이 어렵다. 예를 들어 아파트를 재개발하여 분양하는 경우 기존의 이해관계가 상충되는 부분이 많아서 공사기간이 더 소요되는 반면, 공터에 새로 아파트를 지어 분양하는 경우 훨씬 용이한 것과 마찬가지라고 보면 되겠다.

단시일 내에 업무보고를 받는다는 것은 조직을 파악한다는 의미도 있다. 더불어 선입견이 배제된 가운데 조직구성원들의 일하는 방식이나 개개인의 생각을 파악할 수 있는 계기도 된다. 업무현황 보고 때 의도적인 질문을 통해서라도 그 사람의 성격과 특성을 파악할 수 있는 것이다. 어느 정도 조직 내에 머무는 시간이 길어지다 보면 개개인의 장단점 등 정보가 여러 경로를 통해서 들어

오게 되어 정확한 인적 정보를 갖기 어렵다. 경영층 등 윗사람이 바뀔 경우에는 인적자원이 패자부활진이라는 틈새가 발생할 수 있다. 특정인과 속인적인 관계로 인하여 소위 찍힌 인물이 되어서 개인이 가지고 있는 능력과는 별개로 조직 내에서 제 역할을 다하지 못하는 사람들이 종종 있다. 이런 사람들은 새로운 CEO가 오면 패자부활전을 기대하고 있고, 새로운 경영층의 기대에 맞춰 자신의 능력을 최대한 보여 주려고 노력하기에 경영자로서는 새로운 인재를 발굴하여 활용할 수 있는 것이다.

조직현황을 파악하고 나서는 아주 자그마한 것이라도 뭔가를 새롭게 바꾸어 나가야 한다. 변화를 주지 않으면 새로운 CEO 효과는 얼마 가지 못하고 기존 프로세스에 함몰되기 쉽고 CEO 본인도 열정이 줄어들게 된다. 기존 조직인 승주CC의 CEO로 간 나는 3개월 이내에 변화시킨 것이 매우 많다. 미션과 비전, 중장기 경영계획 같은 큰 개념의 변화도 주도하였지만, 직원들이 직접 느낄 수 있는 여러 가지 사소한 변화도 시도하였다. 예를 들면 명찰과 명함을 개선하고 회사 배지를 새로 만들어 직원들의 자긍심을 높여 주었고, 직원들과의 소통을 위하여 월요편지를 보내고, 궁금사항에 대한 CEO청문회도 실시하고, 생일자에게 일일이 메시지를 보내고, 중식은 직원식당에서 함께 하며 서로를 알아 가는 시간을 많이 가졌다. 회원과 고객에 대해서는 적정 서비스가격을 책정 조정하고, 휴게실 등 모든 화장실에는 선크림을 비치하고, 개장 20주년 기념 내방회원 손가방 선물 등 다양한 이벤트를 추진하였다. 또한 경기도우미 로커 및 목욕탕 시설을 개선하고, 식사 지원 횟수를 늘리고, 업무 부하 경감을 위해 스태프 부서 직원들이 골프백 승하차를 지원하도록 하였으며, 여직원 및 경기도우미 복장자율화를 추진하였다. 그리고 회의시간 지정 운영을 통하여 예정된 회의시간이 끝나면 나부터 말을 하다가도 중단하였다.

조직을 장악하고 안정을 찾으면 이와 더불어 해야 할 것이 개인적인 경영철학을 조직구성원에게 설파하는 것이다. 기업 차원에서 문화를 형성하는 데 있어 가장 직접적인 영향을 끼치는 것이 바로 최고경영자의 경영 철학이다. 리더십의 가장 중요한 기능이 기업문화를 창조하고 관리하며, 필요에 따라서는 이를 변화시켜 나가는 것이라는 점을 알아야 한다. 기업의 최고 경영자

막스 베버의 '프로테스탄티즘의 윤리와 자본주의 정신'에 대한 강의 노트이다. 직업 CEO는 비전을 실현하기 위해 권력이 필요하며, 권력은 폭력을 수반하기에 윤리성이 요구된다. 그러나 CEO의 자질은 그 모든 것에도 불구하고(in spite of all) 열정, 책임감, 균형감각이 필요하다는 것이다.

수준에 보임되는 분들은 사전에 이 정도 지위에 오를 것이라는 생각을 하고 개인별로 미리 준비를 했거나 회사가 전략적인 인재육성 차원에서 석세션 플랜(succession plan)에 의거 후계자 양성에도 노력해 왔겠지만, 사실 이론과 실제라는 측면에서 초임 CEO로서 개인적인 경영철학을 설파하여 조직문화를 구축하는 데는 다소 어려움이 있다.

비근한 예로, 답을 보면서 이론적으로 수학문제를 풀면 머리를 끄덕끄덕하면서 이해가 되는데, 막상 시험문제를 받아 들면 풀기가 쉽지 않다는 것을 많이 경험해 보았을 것이다. 서술식 답안 작성에서도 한두 번 예제를 내어서 연습해 보고 시험에 임하는 것과

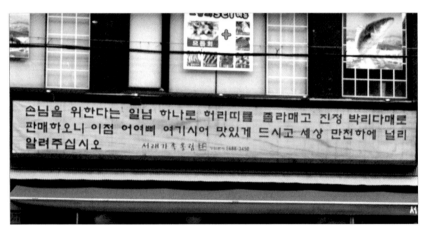

2010년 10월 어느 날, 서울 2호선 신천역 뒷골목에 있는 커피점에서 라테 한 잔을 주문하고 기다리다가 무심코 길 건너편 간판을 보니 인상에 남는 문구가 있어서 스마트폰으로 담아 왔다. 나는 이 문구를 다음과 같이 해석하였다. '손님을 위한다는'은 식당의 존재이유로, '일념 하나로'는 경영철학으로, '허리띠를 졸라매고'는 원가절감으로, '박리다매로 판매'는 회전율을 높여 매출을 창출하는 것으로, '어여삐 여기시어'는 사랑받는 기업으로, '맛있게 드시고'는 고객만족의 경영철학으로, '세상 만천하에 널리 알려 주십시오'는 입소문, 즉 구전마케팅 전략을 이야기한 것으로 풀이하였다. 사장의 경영철학이 간판에 잘 나타나 있다.

그냥 많은 지식만 믿고 시험에 임하는 것은 결과에서 큰 차이가 난다. 이러한 시행착오를 줄이기 위해 평소 몇 가지의 일처리 원칙이나 자신이 조직 내에서 어떻게 행동할 것인지를 정해 놓고 일관성 있게 추구하는 것이 좋다. 경영자의 경영철학이 명확하다면 직원들도 여기에 맞추어 일을 하게 되고, 이러한 것이 조직 저변에 깔리면 기업문화가 되는 것이며, 종국에는 조직을 조기에 한 방향으로 이끌어 갈 수 있다는 것이다.

제2장

전략적 관점에서
고민해야 할 일

한 회사를 책임지고 있는 CEO라면 회사의 미션, 핵심가치, 비전에 대해 직접 고민하고 가다듬을 필요가 있다. 2012년 3월 19일부터 승주컨트리클럽을 맡으면서 한 달 동안 고민하여 미션, 핵심가치, 비전을 재정립하였다. '한 번 오신 고객이 잊지 못해 다시 찾는 명품컨트리클럽을 만든다'라는 미션을 수행하고, '신뢰와 소통'이라는 핵심가치를 일하는 기준으로 삼고, 그 결과들이 모여서 우리의 미래인 '향후 100년간 남도 제일의 명문클럽'이라는 비전을 달성하는 것이다. 그리고 이를 각인시키기 위해서 매달 직원 생일선물 책자에 직접 작성하여 넣어 주었다.

O3

미션과 비전을 재확인하고 이를 공유하라

이 책의 서두에서 나는 한 회사의 CEO 로서 해야 할 중요한 두 가지 역할이 이익을 달성하는 것과 조직을 리드해 나가는 것이라 한 바 있다. 이를 위해서는 조직의 명확한 나침반이 필요한데, 이것이 우리가 일반적으로 이야기하는 비전이다. 비전은 조직이 달성하고자 하는 꿈을 구체화한 것으로, 미래의 가시화된 모습이다. 그래서 비전을 잘 설정하고 구성원들을 한 방향으로 정렬시키는 것이 이익과 직결되는 중요한 요소이다. 내가 처음 설립하고 운영한 포레카의 성공 기저에는 여러 가지 요소가 작용하였겠지만, 핵심 요소는 명확한 비전과 미션을 제시하고 핵심가치로 구성원이 똘똘 뭉쳐서 일한 것이라 본다.

2010년 6월 8일 포레카의 창립·출범 행사를 마치고 직원들과

개별 인사를 하였다. 그런데 아는 사람이 없었다. 직원들의 이력
사항을 보고서는 종전에 서로 같은 회사에 근무한 사람도 매우 적
다는 것을 알았다. 나 역시도 직원 대부분을 처음 보았으며, 일부
는 신규채용 중에 있기도 하였다. 특정 광고회사를 M&A하여 이
를 주력으로 하고 일부 인력을 충원하는 형태가 아니라, 완전히
새로운 회사를 설립한 후 경력사원 중심으로 신규채용을 하였기
에 포스코 출신도 몇 명 되지 않고 직원들 간에 같은 회사에 근무
한 적도 거의 없었다. 창업 당시 구성된 대부분의 직원은 10개 이
상의 다른 광고회사에 근무하다가 포레카로 합류한 것이었다.

누군가 그랬다. 사람을 분류하는 데 몇 가지 변수만 고려해도 같
은 사람이 없다는 것이다. 성별로 분류하면 벌써 반으로 나뉘고, 종
교로 다시 네댓 집단으로 나뉘며, 성씨·학력·지역 등으로 나누어
도 주변에는 출신이 전부 다른 사람이 포진될 것이다. 그러나 나는
CEO이기에 이들을 이끌고 한 방향으로 정렬시켜 최대의 성과를 내
야 한다. 이를 위해 이들이 가야 할 방향과 가져야 할 생각을 모두
일치되게 하고 한 방향 정렬이 되도록 하는 과정이 필요하였다. 그
래서 회사설립 초창기에 중요한 일이 아닌 것은 잠시 미루어 두고
경기도 양평으로 1박 2일 연수를 떠났다. 며칠간 혼자서 생각한 복
안이 있었지만 직원들과 토론을 통해 함께 공감할 수 있는 비전과
미션 그리고 핵심가치를 만들었다. 지금도 생각나는 것은 핵심가치
다. 나는 '포투씨', 즉 포레카의 2(Two)C(Creativity, Communi-

cation)라는 의견을 제시하였는데 직원들이 2C(Curiosity, Culture)를 추가하여 4C로 확장하자고 하여 이것을 채택한 기억이 아직도 새롭다.

이처럼 비전은 새로운 조직의 서로 다른 구성원을 하나로 뭉치게 하는 응집력이 된다. 기존의 조직에서

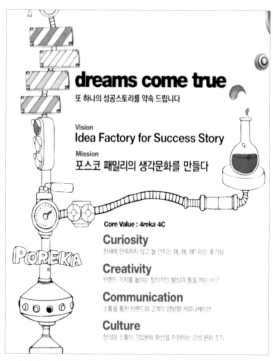

dreams come true
또 하나의 성공스토리를 약속 드립니다

Vision
Idea Factory for Success Story
Mission
포스코 패밀리의 생각문화를 만들다

Core Value : 4reka 4C

Curiosity
현재에 만족하지 않고 늘 던지는 왜, 왜, 왜? 라는 호기심

Creativity
브랜드 가치를 높이는 창의적인 발상과 틀을 깨는 사고

Communication
소통을 통한 브랜드와 고객의 위협할 커뮤니케이션

Culture
창의와 소통의 기업문화 확산을 지원하는 감성 문화 조직

포레카의 비전, 미션 그리고 핵심가치를 홈페이지에서 따온 것이다.

도 가고자 하는 방향타 역할을 하기에 어디로 가야 하는지를 구성원들이 함께 바라볼 수 있는 좌표가 만들어진 것이며, 그들은 한 방향으로 질서 정연하게 움직이며 강력한 추진력을 보이게 될 것이다. 비전이 조직 내에 안착한다면 장기적인 관점에서 전략적인 사고와 계획을 가능케 하는 힘이 된다. 부족한 자원을 효율적이고 효과적으로 사용할 수 있게 된다. 원칙이 흔들리지 않고 그것에 기초하여 현재 상황을 재조명하기 때문에 정확한 평가와 전략적 판단이 가능하게 된다.

CEO가 되면 반드시 회사의 비전에 대해 직접 고민하고 이를 구

체화하는 데 적극 동참해야 한다. 다음은 루이스 캐럴이 쓴 『이상한 나라의 앨리스』에 나오는 앨리스와 고양이의 대하 내용이다.

"여기서 어느 길로 가야 하는지 알려 줄래요?"

"그야 어딜 가고 싶은지에 따라 다르지." 고양이가 말했다.

"어디든 괜찮아요." 앨리스가 말했다.

"그럼 어느 길로 가든 상관없겠네." 고양이가 말했다.

"그냥 아무 데나 갈 수 있으면요." 앨리스가 덧붙였다.

고양이가 말했다. "아! 그거야 문제없지, 그냥 오래 걷기만 하면 되니까."

동화에 나오는 것처럼 기업에서 중요한 의사결정을 해야 할 주체인 CEO가 어디로 가야 할지를 직접 고민하지 않는다면 이는 모든 조직구성원과 함께 아무 의미 없이 무작정 걸어갈 수밖에 없다는 것이다.

승주컨트리클럽의 CEO로 부임하여 회사현황을 파악하던 중 회사의 비전이 '2020년 매출 200억 원 달성'으로 되어 있었다. 이 역시 비전으로 볼 수는 있지만 내게는 장기목표 정도로 보였다. 비전은 미래에 달성하고자 하는 바람직한 모습으로, 거기에는 어느 정도의 추상성이 있다. 하지만 달성 가능하고 방향을 분명히 안내하는 구체성도 포함돼야 한다. 비전의 영문표기는 vision인데, vision의 각 철자를 이니셜로 하는 단어로 비전을 만들 때 고민해야 할 사항을 열거해 보면, Valuable(가치 있는 것인가?), Inspired(생각하면 흥분되고 고무되는가?), Specific(달성하고자 하는 바가 명확한가?), Illustrate(구체화하여 설명할 수 있는가?), Obtainable(노력하면 달성할 수 있는가?), Need(진정으로 원하고 필요로 하는 것인가?)이다.[1] 비전이 바로 마음속에 구체화되어 구성원들의 가슴을 쿵쿵 울리는 그 무엇이어야 성공할 가능성이 높은 것이다. 그래서 회사의 비전을 놓고 수일 동안 고민하다 '향후 100년간 남도 제일의 명문클럽'으로 수정한 뒤 직원들과 공감대를 형성하기 위해 여러 가지 방법으로 이야기를 하였다. 명확한 비전은 직원 각자에게 강한 동기를 부여하기 때문에 비전을 수립하고 나서는 적극적 공유 활동을 하는 것이 좋다.

비전이 앞으로 어떤 회사가 될 것인지를 제시하는 미래의 꿈을 나타낸다면, 그 꿈을 이루기 위해 구성원 모두가 가지고 있어야 할 공통된 사명과 핵심가치가 필요하다. 먼저 '사명'에 대해 이야기하고자 한다. 사명은 사명감이라고 생각해도 좋다. 사명은 우리 임직원에게 맡겨진 임무라는 뜻으로, 영어로는 '미션'이라고 한다. 나는 직원들에게 "당신은 승주CC에 왜 매일 출근하십니까?"라는 질문을 해 보았다. 대부분의 직원은 돈을 벌거나 잔디관리, 좋은 음식 만들기, 예약업무 원활 등의 일을 하기 위해 출근한다고 했다. 돈을 벌거나 일을 한다는 것은 우리나라 어느 회사 직원이든 출근하는 이유이지 승주CC 직원만이 출근하는 이유는 아니라고 생각했다. 이 질문에 전 직원이 공통적으로 하는 답이 바로 승주CC의 미션, 즉 사명이라고 본다. 사명은 직원 개개인을 움직이게 하는 에진으로 '나는 누구를 위해, 왜, 이 일을 하고 있는가?'에 대한 답이다. 그리고 승주CC 모든 직원에게 누가 동일한 질문을 하더라도 항상 동일한 대답이 나와야 한다. 며칠간 고민을 하여 만든 사명이 "한 번 오신 고객이 잊지 못해 다시 찾는 명품 컨트리클럽을 만든다"였다. 승주CC 직원이라면 모든 고객이 다시 한 번 방문을 하도록 만드는 것이 각자의 사명이라는 뜻이다.

마지막으로 핵심가치에 대해 이야기하고자 한다. 회사에서 각자의 일을 하는 데 있어 어떤 가치관을 가지고 의사결정을 하고 행동기준으로 삼느냐 하는 것이 가치기준이다. 핵심가치를 공유하고 있다면 모든 구성원들이 핵심가치에 맞도록 일하고 행동하면 되는 것이지 윗사람에게 질문하거나 판단을 위한 보고를 할 필요가 없다. 핵심가치는 조직구성원이 함께 공유하는 우선순위와 행동의 기준인 것이다. 그런 만큼 핵심가치는 기준과 근거가 명확해야 한다. 모호하면 사람마다 제각기 다른 해석을 하게 되고 일관된 기준을 가지고 역할을 제대로 하기 어렵기 때문이다.

앞서 언급한 바와 같이 포레카 설립 시 만든 핵심가치는 광고회사이기에 창의성 등과 같은 개념에 중점을 두었다. 승주CC에서는 근무지가 워낙 넓고 각기 분산되어 일을 하는 업무 특수성을 고려하여 직원 개개인이 하는 일이 서로 신뢰하고 소통하는 가운데 진행되어야 전체적으로 고객만족의 서비스로 연결되기에 핵심가치 기준을 '신뢰와 소통'으로 정했다. 물론 승주CC에서 미션이나 핵심가치 그리고 비전을 정할 때에도 직원들에게 의견을 묻는 등 동참을 유도하는 과정을 거쳤다. 나는 이 과정에 참여한 많은 직원이 이후에도 전설처럼 승주CC의 경영이념이 만들어진 배경을 구전하는 매개체 역할을 할 것으로 믿는다.

일본 경영의 신인 마쓰시타 고노스케는 그의 저서 『실천경영철학(實踐經營哲學)』 서두에서 이렇게 말했다.[2] "나는 60년에 걸쳐서 사업 경영에 종사해 왔다. 그런데 그 경험을 통해서 느낀 점은 경영이념의 중요성이다. 다시 말하자면 '이 회사는 무엇 때문에 존재하는 것인가? 이 경영을 어떤 목적으로, 그리고 어떤 방법으로 행할 것인가?' 하는 점에 대해서 기본이 되는 확고한 사고를 갖고 있어야 한다는 점이다." 바로 이것이 그가 오랜 기업 경영을 통해서 체득한, 경영의 신의 핵심이 되는 내용이다.

1. S. 헬레나, 레오와 서번트 리더십, 엘테크, 2005년, 119쪽
2. 기타 야스토시, 동행이인, 21세기북스, 2009년, 1판 5쇄, 23∼24쪽

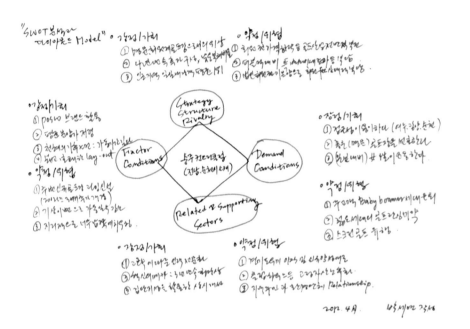

승주CC에 부임하고 얼마 되지 않아 마이클 포터의 경쟁력 분석 기법인 '다이아몬드 모델'을 활용하여 사업장의 전략적 강점과 약점을 열거해 보았다. 생산조건, 수요조건, 전략구조와 경쟁관계, 관련 및 지원 분야 총 4개 구성요소에서 전략적 장단점을 분석하는 방법이다. 이 방법을 한번 기술해 봄으로써 회사 전반의 강점과 약점을 조기에 파악할 수 있었다.

04

새로운 사업전략과
목표를 수립하라

회사라는 조직도 사람이 운영하는 것이기에 CEO 개인의 특성에 따라 비즈니스를 보는 관점이 다소 상이할 수 있다. 이는 개인의 경험 차이에 기인하는 경우가 많다. 신설회사의 경우는 본인이 부임해서 새로운 전략을 수립하면 그만이지만, 기존 회사에 전문경영인으로 부임하게 되면 전임 CEO가 마련해 놓은 전략이 이미 진행되고 있다. 그러나 이러한 전략에 대해서 객관적으로 들여다볼 필요가 있다.

기존의 전략이 타당한지 검토하는 과정에서 전략의 적정성을 확인하고, 관련 산업에 대한 공부도 하게 되며, 개인 관점에 따라 일부 전략을 수정해 나가야 할 필요도 있다. 이는 전임 CEO가 회사에 계속 근무를 하였기에 몇 년 동안 지속되어 온 부분이 있을 수 있고, 기존의 임직원들은 대부분 단기적인 관점에 초점을 두고 중기계획 정도를 전략으로 보는 경우가 있기 때문이다. 새로 부임하면 이러한 부분을 다시 점검해 보고 검토 단계를 통해 회사의 모든 부분을 파악할 수 있기에 반드시 필요한 과정이다. 본인이 이러한 것을 한번 직접 작성해 보는 것도 좋은 방법이다. 공부할 때 동일한 내용을 몇 번이고 반복해 적다 보면 기억이 더 오래 가고 보다 현실적인 답안을 작성할 수 있다는 것을 경험을 통해 모두 잘 알 것이다.

전략이란 전쟁에서 이기기 위한 것이고, 전술은 각각의 전투에서 이기기 위한 것이다. 한 기업이 속해 있는 산업 내에서 지속적인 경쟁력을 확보하기 위해서는 반드시 합당한 전략이 필요하다. 다시 말해서 경영전략은 제한된 경영자원을 잘 배분하여 기업의 경쟁우위를 창출하고 유지시켜 주는 중요한 의사결정이다. 같은 업종 내에서 회사 간의 경쟁은 치열해지고, 치열한 경쟁에서 이기기 위해서는 전략적인 판단이 중요하다.

전략을 모르면 전략과 관련된 이론을 근거로 자기가 맡고 있는 회사의 전략방향을 설정하면 된다. 포레카를 처음 설립하였기에 나는 광고분야의 산업구조분석을 통하여 이익을 어떻게 실현할 것인지를 고민하였고, 마이클 포터의 산업구조분석 모델을 일부 원용하여 광고산업에 대한 리뷰를 하였다. 포터 교수는 『경쟁전략(Competitive Strategy)』이라는 저서에서 분석틀을 제시하였

는데 다섯 가지
경쟁적인 세력,
즉 산업 내 경쟁
자, 잠재적 진입
자, 대체재의 위
협, 구매자의 힘,
공급자의 힘의
구조적 특성에
의해 산업의 수
익률이 결정된다
고 하였다. 결국

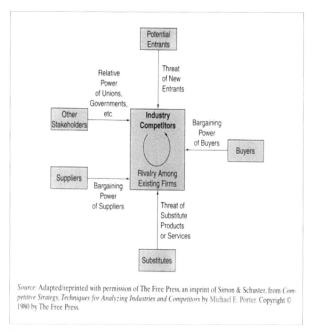

Source: Adapted/reprinted with permission of The Free Press, an imprint of Simon & Schuster, from *Competitive Strategy. Techniques for Analyzing Industries and Competitors* by Michael E. Porter. Copyright © 1980 by The Free Press.

Porter's Five Forces Model.[1] 이 모델에서는 정부나 노동조합 등 다른 이해관계자의 힘도 경쟁세력으로 분류하였다.

기업이 경쟁우위를 가지기 위해서는 산업의 특징을 이해하고 산업 내에서 적절한 위치를 정하는 것이 전략의 근간을 이룬다고 주장하였다. 그리고 경쟁기업에 대해 경쟁우위를 갖기 위해서는 각산업의 특성에 따라 비용 우위나 차별화 우위를 가져야 한다고 제시하였다. 경쟁요인들의 영향력이 모든 경쟁사에 미치게 될 것이 분명하기에, 경쟁전략의 개발은 현상적이 아니라 심층적으로 파고들어 가 개별요인의 근원을 분석하는 게 관건이다. 경쟁압박 요인의 심층적인 근원을 파악하면 기업의 강점과 약점이 분명히 드러난다. 따라서 자사가 추구해야 할 위치를 명확히 찾아낼 수 있으며, 향후 전개될 산업의 흐름에서 자사의 기회요인과 위험요인을 판단할 수 있다.

포레카를 창업하고 곧바로 산업구조(경영여건과 산업트렌드) 분석을 한 후 전략방향을 네 가지로 설정하였다. 첫째는 캡티브 마켓(captive market) 비중 축소(외부수주 50% 이상), 둘째는 통합 커뮤니케이션 솔루션 구축, 셋째는 조직 전문화 및 운영시스템 체계화, 넷째는 글로벌 광고시장 네트워크 형성으로 정하고 각각의 전략에 따른 실행 방안은 별도로 구체화하였다.

VISION 2020

I. 경영여건 및 산업 트렌드
II. 비전 및 전략 방향
III. 전사 역량 분석 및 KSF(Key Success Factor) 도출
IV. 실행전략 도출
V. 10년 성장 Roadmap
VI. 재무 Profile

(주)포레카

포레카에서 처음 수립한 전략보고서 첫 장이다. 새로 창립한 회사를 전략적으로 잘 운영하기 위해 많은 날을 고민하며 만든 전략방안이다.

전략방향이 설정되면 자연스럽게 이에 따른 목표를 설정하여야 한다. 목표라는 것은 배가 항해할 경우 최종 기착해야 할 항구와도 같은 것이다. 목표는 10년 이상의 장기, 3~4년 기간의 중기, 1년 내외의 단기 목표로 나누어진다. 장기목표는 북극성과 같고, 중기목표는 연료를 주입하고 필요물품을 선적하는 중간 기항지와 같으며, 단기목표는 등대와도 같다. 혹자는 경영이란 장기목표를 놓치지 않고 북극성처럼 바라보면서 눈앞에 놓인 단기목표를 달성하는 균형의 승부라고 말한다.

그래서 목표를 수립하고 논의할 경우 몇 가지 사항을 생각해 보아야 한다. 특히 단기목표를 정하는 경우 목표를 시행하기 5~6개월 전에 미리 결정한 수순을 밟는 것이 좋다. 그리고 목표를 수립하는 동안 구성원들과 의사소통을 충분히 해서 경영층에서 일방적으로 수립한 목표가 아니라 개개인의 목표가 수렴되어 전사 목표가 확정된 것으로 유도해야 한다. 이때 CEO는 항시 목표가 회사에서 추구하는 전략방향과 부합하는지를 확인하고, 거시적인 측면에서 화두가 되는 것은 목표수립 전에 핵심그룹과 토의하는 것도 필요하다. 주요 타깃이 되는 숫자들은 직접 제시해 보는 것도 좋은 방법이다. 해마다 시무식에서는 그해 경영목표를 발표한다. 이러한 목표 발표 시점은 1월 시무식이지만, 목표 작성의 고민은 최소 전년도 7월이나 8월에 시작해서 11월에 완성하고 12월에는 직원들과 가고자 하는 방향에 대한 커뮤니케이션을 완료하여야 한다.

목표를 조기에 수립하는 것도 중요하지만 목표를 수립하는 방법도 중요하다. 다음은 존슨앤존슨 CEO를 지낸 아타라시 마사미 사장이 거론한 'SMART' 방식의 목표 잡는 방법을 필자가 재해석한 내용이다.[2]

● **S : Stretch(늘려 잡을 것)** 당초계획 대비 15~20% 늘려 달성할 수 있도록 난이도 있는 목표가 가장 좋다. 그래야 의욕이 생겨 당초의 목표를 달성하거나 상회하는 결과를 가져온다.

전사전략	본부전략	항목	세부목표	KPI
기반사업고도화	원가절감 및 구조조정을 통한 경쟁력 강화	원가절감	• 용역 작업 In-sourcing • 대체휴일 지정운영 등	• 용역비절감 2억 원 • 노무비절감 1.5억원
		인원합리화	승주CC 직영인원 합리화	직영인원:65 → 55명 노무비 절감: 5억원
신 성장 동력사업 발굴	공격 형 마케팅 추진	매출증대	승주CC 숙박시설건립 역외 고객유치	숙박시설 40실
		캐시플로 창출	승주CC RVIP, VIP 회원권 40구좌 분양	분양 률: 60% 80억원
신뢰문화 정착	근무 여건 개선을 통한 즐거운 직장 만들기	근무여건 개선	J- Public 도우미 숙소 건립	숙소 18실
		사무환경 개선	승주CC 사무 환경 개선 Smart Work Place 조성	개선 면적 138㎡

기업의 경영목표는 본문에 언급된 대로 조금 늘려 잡고 숫자로 정확히 표현해야 된다. 그래야 이 목표를 근거로 각 부서가 필요한 자원을 조달하거나 세부 실시계획을 수립할 수 있다. 여기서 중요한 것은 CEO는 관련 분야에 어느 정도 정통한 정보를 기반으로 회사 목표를 미리 생각해 놓아야 한다는 것이다. 어떤 경우에는 동물적인 감각으로 이를 발굴해야 하는 경우도 있다. 2013년 포스메이트 골프사업본부 전체의 경영목표 작성 사례를 참고로 제시하였다.

● M : Measurable(측정 가능한 것) 객관적으로 결과를 측정할 수 있는 숫자가 있을 때 평가가 가능해지고 도전할 목표가 구체화된다. 정성적인 목표는 완전히 없다고 생각하는 것이 좋다.

● A : Accepted(납득할 수 있는 것) 직원들이 목표설정에 직접 참여하여 목표실행에 공감대가 형성돼야 한다. 톱다운 방식으로 큰 목표가 설정되면 개별 목표를 재정렬하고 공유한다.

● R : Resource(경영 자원이 뒷받침될 것) 목표의 난이도에 따라 자금계획 등 경영 자원이 얼마나 필요한지 사전에 준비해 두어야 한다. 자원이 뒷받침되지 않으면 실행될 것이 없다.

● T : Time(시간 설정) '언제까지'라는 마감 시간을 설정해야

한다. 시간이 설정되어 있지 않은 목표는 달성하기 어렵고 지연된 목표는 초과비용 부담을 초래하는 경우가 많다.

SMART 방식의 목표설정 방법은 리더 계층에서 많이 들어서 알고는 있지만 실질적인 목표수립 과정에서는 흔히들 간과하고 있다는 점을 유의해야 한다.

1. J. David Hunger 외 1인, Essentials of Strategic Management, Prentice Hall, 2001년, 2판, 38쪽
2. 아타라시 마사미, 사장은 무엇을 해야 하는가, 도서출판이아소, 2012년, 초판 2쇄, 110~112쪽

"코스 사용료, 타수만큼만 받아요"

360도 CC '1타에 1300원' 이색 서비스

"1타에 1300원씩. 타수만큼만 받겠습니다."

골퍼가 기록한 타수만큼만 그린피를 받는 이색 서비스로 손님 끌기에 나선 골프장이 있다. 14일 개장한 360도 컨트리클럽(경기도 여주)은 8월31일(주말 및 공휴일 제외)까지 1타에 1300원씩 타수별 그린피를 적용한다. 80타는 10만4000원, 100타는 13만원이다. 상한선은 14만원까지.

이 같은 서비스를 실시한 배경은 골프장 호

최근에 많은 골프장이 신설되어 경쟁이 심화되자 고객을 유치하기 위한 손쉬운 방법으로 가격인하 정책을 주로 활용한다. 그러나 '죄수의 딜레마'처럼 가격인하 경쟁은 업계 전체에 영업이익 감소라는 부정적인 결과를 초래할 것으로 보인다. 이러한 와중에 '신가격정책'을 내놓은 골프장이 있어 나름 신선하다. 제한된 공간에 시설변경이나 투자유치가 어려워 새로운 성장엔진을 탑재하기 어려운 골프장 입장에서 신가격정책은 신시장 이상의 의미가 있다.

05

창조적 혁신을 통해 성장엔진을 발굴하라

🪑 기업은 사람이 만든 것이지만 기업조직은 생명체와 같아서 법인(法人)이라고 칭할 만큼 대부분의 유기체처럼 출범(출생)-성장-발전-안정-쇠퇴의 5단계를 거친다. 물론 일부는 성장 혹은 발전 단계까지 오지 못하고 중도에 쇠퇴하는 경우도 가끔 발생한다. 그러나 대부분의 기업조직은 대내외적으로 직면한 상황에 잘 대처하면서 성장을 해 나가고 있다.

일반적으로 신설기업인 경우 조직 자체가 취약하여서 자신의 생존 자체를 위해 모든 노력을 기울인다. 사실 다른 것에 신경 쓸 겨를이 없다. 나의 경우 포레카라는 광고회사의 초대 대표이사로 부임하고 나서 주변을 쳐다볼 시간이 없었다. 하루 종일 일과 씨름하던 생각을 하면 지금도 넌더리가 난다. 신설회사라 자본도 넉

넉넉하지 않았고, 기존의 광고회사 베테랑 경력사원을 채용하기가 어려워 경력이 많지 않은 사원 중심으로 구성된 인적 요소도 생존을 위해서는 더 많은 시간과 노력이 필요하다는 사실을 깨닫게 해 주었다. 그리고 회사 내의 새로운 인사, 노무, 회계 등 규정이나 각종 경비지출과 관련된 제도 및 프로세스 등 모든 것이 취약하여 일을 진행하는 데 어려움이 많았고 수많은 시간을 투입하고 밤을 새면서 이를 체계화하느라 애를 먹은 기억이 난다. 그래도 신설 조직의 초창기는 설립 목적에 맞도록 반드시 일을 해야 한다는 사명감으로 어느 정도 위기가 있어도 적극적으로 해 나가고자 하는 분위기가 모든 것을 주도할 수 있다.

신설 조직에서 1년 이상 기간이 경과하면 조직 기반이 구축되고 내부 안정기에 들어서면서 성장·발전을 위한 엄청난 노력이 요구된다. 기업의 CEO라면 누구든 외형 성장을 이루지 못하면 객관적으로 좋은 평가를 받을 수 없다는 사실을 다들 잘 알고 있다. 외형적 성장과 발전을 이루기 위해서는 캐피털 마켓(capital market)의 내부거래에서 발생하는 것은 고정적이거나 줄어들 여지가 있어 반드시 외부거래 시장에서 경쟁을 하게 된다. 다시 말해 성장을 위해서는 기존의 강력한 경쟁자들과 사활을 건 싸움이 필요하다. 성장엔진을 달기 위한 노력이 창업 시에 기울인 노력의 몇 배 이상으로 소요된다.

2012년 4월 11일 제19대 국회의원 선거가 있었다. 중앙선거관리위원회는 연초부터 총선 광고를 위한 대행사 선정을 공고하였다. 3개월간의 광고액은 약 60억 원이었다. 신생 광고회사인 포레카를 비롯하여 국내 굴지의 15개 광고회사가 응찰하였다. 세부적으로 일일이 열거하지는 못하지만 정말 많은 준비와 노력을 한 결과, 19대 총선 광고 대행사로 낙점을 받았다. 외부광고 수주전을 통하여 외형 성장을 이룩한 사례다.

기업이 성장·발전하면 그 기업의 적은 바로 그 자신이 된다. 안정된 기업이 과거의 성공과 현재의 번영에 안주해 변화에 둔감해지고 내부 혁신을 이루지 못하고 성장엔진 없이 현재의 일을 반복한다면 서서히 새로운 성장엔진을 탑재한 도전자들이 나타나서 시장을 잠식해 들어간다. 이렇듯 자연이든 사회든 모든 것은 순환하는 법이어서 영원불멸하는 존재는 없다. 아무리 잘되는 기업도 언젠가는 쇠퇴하게 마련인데, 최근에는 이러한 주기가 너무 짧아지고 있기에 기업 CEO는 항상 새로운 내부 혁신과 성장엔진 발굴에 노력을 기울여야 한다.

새로운 성장엔진을 발굴하는 관점에서 나는 슘페터의 '기업가 정신'을 이야기하고자 한다. 슘페터는 기업가(entrepreneur)를 '새로운 결합을 능동적으로 수행하는 것이 자신의 기능인 경제 주체'라고 명확하게 정의한다. 슘페터에 의해 '기업가'는 자본주의의 역동성을 대표하는 주역으로서 획기적인 방식으로 '새로운 결합'을 수행해 기존의 균형 상태를 뒤흔든다. 슘페터는 이러한 새

10년뒤 한국산업 이끌 기업의 조건은?… 6개 증권사 리서치센터 설문

G Growing industry 성장 산업 분야에서

E Export 수출 경쟁력 갖추고

E (high) Entry Barrier 독보적 기술을 찾아라

10년 뒤 한국산업을 이끌어 나갈 기업의 조건으로, 성장산업으로서 수출경쟁력을 갖추고 독보적 기술이 있는 분야를 꼽았다. 본문내용 중에 기업의 생체리듬이 빨라져 '창조적 파괴'로 기회를 잡아야 한다고 이야기하고 있다.(동아일보 2013년 3월 4일자)

로운 결합, 즉 혁신의 유형을 △소비자들이 아직 모르는 재화 또는 새로운 품질의 재화 생산 △해당 산업 부문에서 사실상 알려지지 않은 생산 방법의 도입 △새로운 판로 개척 △원료 혹은 반제품의 새로운 공급 획득 △독점적 지위 등 새로운 조직의 실현 등 다섯 가지로 정리한다. 혁신에 성공한 기업가는 초과이윤을 가져간다고 한다.[1]

나는 여기서 말하는 '새로운 결합'을 바로 '성장엔진'과 같은 의미로 해석하고자 한다. 새로운 결합의 등장은 구 결합의 도태를 동반하는 '창조적 파괴(creative destruction)'의 개념으로, 과거의 지식이나 기술, 투자를 쓸모없게 만드는 것이다. 슘페터는 기업가의 창조적 파괴 행위가 바로 자본주의의 역동성과 경제 발전을 가져오는 원동력이라고 강조한다. 혁신에 성공한 기업가에게 주어지는 초과이윤은 모방자들의 등장으로 자연스럽게 소멸돼 새로운 균형 상태를 이루고 다시 창조적 파괴가 요구되며, 이러한 중단 없는 순환이 기업가로서 경제를 발전시킨다는 것이다.

현재의 성공에 안주하는 순간 조만간 닥칠 위험을 피할 수 없는 것이다. 한때 수많은 사람들의 사랑을 받던 카세트테이프는 콤팩트디스크(CD)에 밀려났으며, CD 역시 순식간에 MP3에 자리를 내주었고, MP3도 스마트폰으로 대체되는 데 얼마 걸리지 않았다. 제록스(복사기)와 폴라로이드(즉석 카메라)처럼 혁신적인 제품을 내놓으며 새로운 산업을 주도하던 기업들도 더 뛰어난 디자인이나 가격 경쟁력을 앞세운 경쟁자들에 밀려 수익률이 하락하고 있다는 사실을 대부분의 경영자는 알고 있다.

한 기업의 CEO로서 여러 가지 일정상 TV를 접하는 시간이 적고, 더군다나 드라마를 연속해서 본다는 것은 어렵기에 아예 포기하고 있지만, 주말 연속극은 간혹 아내와 함께 보는 경우가 있다. 2010년 10월부터 2011년 3월 사이에 MBC에서 방영된 주말 연속극 「욕망의 불꽃」은 가족 이야기이기도 하지만 거대 기업을 배경으로 한다는 점에서 자주 눈길이 가는 드라마였다. 극중 김태진(이순재 분) 회장은 지방의 작은 토건회사를 대서양그룹으로 성장시키고, 여기서 수장 역할을 하며 군부세력으로부터 재산을 지키고 이를 상속하는 과정에서 기업과 관련한 이야기가 많이 나온다. 어느 날 극중에서 김태진 회장이 맏아들에게 "기업은 헛소리를 실현할 때 역사가 새로 시작된다."면서 자식을 꾸중하는 장면을 봤다. 나는 그 순간 '헛소리를 실현하는 것' 이것이 바로 창조적 파괴가 아닌가 하고 생각했던 기억이 있다. 그만큼 기업이 현상을 지속하면서 창조적 파괴를 통하여 새로운 역사를 만들어 나가기가 어렵다는 것이다.

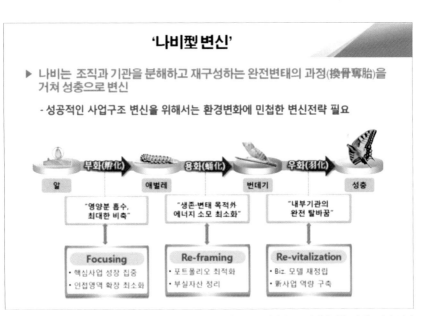

2012년 4월 30일, 출자사 사장단회의에서 발표된 포스코경영연구소의 '나비형 변신' 과정 설명 자료를 인용하였다.

일반적으로 규모가 작거나 신설된 기업인 경우 경쟁기업의 '모방'에서 시작해 '캐치업(catch up)' 형식으로 따라잡기를 하고

'혁신'을 통하여 경쟁력을 갖게 된다. 그러나 종국적으로 보다 지속적인 경쟁력을 갖추기 위해 '독창적인 단계'로 가는 것이 필요하다. 독창적인 단계라는 것은 레드오션에서 블루오션 시장으로 옮기는 전략이기도 하다. 새로운 시장은 선점 효과가 크기에 경쟁의 장소를 조기에 다른 곳으로 옮기는 기업은 엄청난 이익을 가질 수 있는 것이다. 그러나 이미 치열한 경쟁하에서 슘페터가 이야기한 신제품, 신기술, 신시장, 신원료 그리고 신조직과 같은 다섯 가지의 순수한 독창성이 아닌 비슷한 독창성으로는 살아남기 어렵다. 새로운 성장엔진은 환골탈태의 정신을 가지고 애벌레가 껍질을 벗고 나비로 변신하듯 '나비형 변신'이 되어야 한다. 변신을 위해 무엇보다 명심해야 할 사항은 공급자가 아닌 수요자의 눈으로 봐야 한다는 것이다. 시장이 외면하는 것은 모두 무용지물이기 때문이다.

2012년 6월부터 9월 사이에 승주CC를 기준으로 반경 40분 이내에 6개의 골프장이 동시 다발적으로 새롭게 문을 열었다. 수년 전에 인허가를 받은 골프장이 그동안 공사를 마치고 문을 연 것이었다. 정말 나로서는 굉장히 운이 없는 경우가 되었다. 하필이면 내가 경영을 할 때 이런 일이 생기는가 하면서 불운을 탓할 겨를도 없이 골프장 한 곳이 개장을 할 때마다 우리 회사의 고객이 일일 평균 10팀 내외 정도 줄어들었다. 당연히 경영에 비상이 걸렸다. 그렇다고 이를 방관할 수는 없었다. 가만히 있으면 회사의 적자는 당연시되는 것이다. 앞서 이야기한 바 있지만 경영자가 적자를 낸다는 것은 사망선고를 받는 것과 다르지 않다는 것이 나의 지론이다. 기존의 5개 골프장이 총 11개로 늘어나서 수요와 공급의 균형이 완전히 무너진 상태에서 다른 골프장의 가격인하 경쟁이 시작되면서 승주CC 내장객이 전년 대비 격감하기 시작했다. 정말 창조적 혁신을 하지 않으면 살아남기 어렵다는 절박감에 한 달을 고민하여 10월경에 창조적 혁신 세 가지를 추진하였다. 신제품 개발 차원에서 4억 원 내외의 VIP 회원권을 발행하여 내장객 추가 유치도 하면서 140억 원의 현금유동성을 확보하는 이중의 효과를 보는 계획을 추진하였다. 동일 지역 내 수요는 한정되어 있어 이러한 한계점을 극복하고 다른 지역의 골퍼를 유치하기 위해 2013년에 골프텔 건립계획을 추진하기로 하였다. 그리고 직무분석을 일일이 한 후, 새로운 조직을 짜고 직영인력 20%를 구조조정하고 불요한 경비를 과감히 절감하였다. 이러한 혁신의 결과로 그해 흑자기조를 유지한 바 있다.

어느 정도 연륜이 있는 기업의 CEO는 반드시 성장엔진을 발굴하는 데 항시 관심을 기울이고, 이 부분에 대한 생각으로 항시 머리를 채워야 한다. 이유는 세 가지다. 첫째, 상품의 수명주기가 더욱더 짧아지는 현 시대에서는 이러한 생각을 지속적으로 하지 않으면 시장에서 현재의 자기 자리를 유지하기 어렵다. 어렵고 힘든 과정을 다 겪고 청춘을 모두 바쳐 조직에 충성하여 대기업의 CEO

반열에 오르고 나서, 이러한 성장엔진을 발굴하지 못하여 단명에 그치고 만다면 너무 억울한 일이다. 둘째, 한 회사를 대표하는 사람으로서 외형을 늘리고 조직을 확장하는 기쁨을 누리기 위해서다. 어느 CEO인들 매출을 늘리고 시장지배력을 가지고 싶지 않은 사람은 없다. 그리고 성과를 통해 인정받고 싶은 것이 인지상정이다. 셋째, 재임 시에 어떤 일을 이룩하였다는 창조의 기쁨을 누리기 위해서다. 호랑이가 죽으면 가죽을 남기고 사람이 죽으면 이름을 남긴다는 속담과 같이, CEO 재임 당시 어떤 일을 이룩하였다는 족적을 남길 수 있다.

1. http://magazine.hankyung.com/business/apps/news?popup=0&nid=10&nkey=2009020300688000261&mode=sub_view

○ 기존 레스토랑 메뉴

식사 류(15 종)	안주 류(19 종)
갈비찜 정식	생돼지 불고기쌈밥
김치 볶음밥	유황오리 주물럭
새우 볶음밥	오리튀김과 오렌지소스
청국장	훈제갈비
해물 순두부찌개	연어 셀러드
마파 두부덮밥	송이 해삼볶음
새싹 비빔밥	오리 바베큐
표고버섯 덮밥	홍어 삼합
해물 된장찌개	와인숙성 바베큐
수삼 우족탕	한우안심 버섯볶음
쑥국 정식	해물 잡채
샌드위치	소고기 탕수육
모듬 버섯전골	오리가슴살과 생야채
메로 매운탕	닭날개 아몬드튀김
김치찌개	일품표고
	단호박 경장압육사
	새우셀러드
	회과육
	연어마요네스 튀김

클럽하우스 레스토랑에서 제공되는 메뉴가 34가지나 되는 것을 보고 깜짝 놀랐다. 메뉴의 다양성이 고객만족 수준을 넘어서는 것으로 판단되었고, 불필요한 식재료 재고가 과다 발생하여 원가낭비가 될 것이며, 표준화된 레시피 유지가 어려울 수도 있는 등 운영상의 문제점도 발생할 것 같았다. 2013년 5월부터 9가지로 메뉴를 줄여서 운영한 결과, 연간 5천만 원 이상의 원가절감이 이루어질 것으로 예상된다.

06

원가절감은
본원적
생존전략이다

대학을 갓 졸업하고 포스코라는 대기업에 입사하여 나름대로 긍지와 자부심을 가지고 일할 때쯤 한 가지 이해되지 않는 것이 있었다. 매년 연말이면 회사가 항상 어렵다는 위기의식으로 시작해서 내년에 살아남기 위해서는 긴축경영을 해야 하며, 이의 방편으로 원가절감 혹은 비용절감 계획을 수립하여 제출하라는 것이다. 그러면 모든 부서는 당초 편성했던 연간 예산을 다시 검토하여 일부 조정하고, 전사예산을 총괄하는 재무회계 주관 부서는 이를 전사적 차원에서 기업목표 달성을 위해 조정한 후 각 부문에 예산을 시달하는 과정을 겪는다. 나는 매년 원가절감을 해야 한다는 것이 잘 이해되지 않았으나 세월이 흘러 책임직위인 팀장이나 부장, 임원 자리에 올라 보니 그 이유를 알 수 있었다. 아마 원가절감의 필요성을 역설하던 상급자의 이야기를 제대로 듣지 않았거나 체계적으로 설명해 주지 않아 이해가 안 돼 불만으로 바뀌었던 것 같다. 다시 말하면, 어느 기업이든 시장 내에서 지속적으로 경쟁하는 체제이기에 매년 원가절감이 이루어지지 않는다면 그 기업은 계속적으로 시장 내에 존재하기 어렵다는 사실을 신입사원 시절에는 시야가 좁아 간과하고 있었던 것이다.

경영학을 전공한 나 역시도 학교에서 배웠던 경영이론을 실제 상황에서는 잊어버리거나 제대로 이해하지 못해 이렇게 오해를 하거나 개인적인 불만을 터뜨린 적이 있으니 이를 잘 모르는 타 분야 전공자의 경우 이를 이해하는 데 짧게는 5년, 길게는 10여 년이 걸릴 수도 있을 것이다. 더군다나 회사 내에서 교육을 통해 이러한 이야기를 모든 조직구성원에게 잘 설명해 주어서 자발적으로 원가절감에 동참하도록 해야 하는데, 매년 하는 원가절감이 의례적인 것으로 치부되는 분위기로 흐를 경우 원가절감에 대한 조직구성원들의 피로도가 높아져서, 원가절감이라고 하면 "또?" 하고 반문하게 되는 것이다. 기업은 끝없는 경쟁을 해야 하기에 기업이 살아남기 위해서는, 다시 말해 경쟁에서 이기기 위해서는 남보다 차별화된 좋은 물건을 만들거나 남보다 저렴한 물건을 만들어야 수요와 공급의 법칙에 따라 시장에서 그 회사의 물건이 팔리게 되는 것이다.

하버드대 마이클 포터 교수가 이미 「본원적 경쟁전략」이라는 제목으로 이에 대해 설명한 바 있다. 앞서 이 책 제4절 '새로운 사업전략과 목표를 수립하라'에서도 언급한 것처럼 어떤 산업 내에서 다섯 가지 경쟁적인 세력, 즉 산업 내 경쟁자, 잠재적 진입자, 대체재의 위협, 구매자의 힘, 공급자의 힘의 구조적 특성에 의해 해당 산업의 수익률이 결정된다는 것이다. 결국 기업이 어떤 산업 내에서 경쟁우위를 가지기 위해서는 산업의 특징을 이해하고 산업 내에서 적절한 위치를 정하는 것이 전략의 근간을 이룬다고 포터 교수는 주장하였다. 이러한 다섯 가지 경쟁요인에 대응하여 산업 내의 다른 기업을 능가하기 위한 잠재적 성공의 세 가지 본원적 전략을 다음과 같이 이야기하고 있다.[1]

- 총체적인 원가우위(overall cost leadership)
- 차별화(differentiation)
- 집중화(focus)

1970년대 경험곡선 개념이 보편화하면서 널리 알려진 첫째 본원적 전략은 원가우위 전략이다. 원가우위를 차지하기 위해서는 규모의 경제를 달성할 수 있는 설비를 적극적으로 갖추고 경험의 축적을 통한 원가절감을 활기차게 모색해야 한다. 그 밖에 원가와 총경비의 철저한 통제, 수지균형을 맞추기 어려운 거래의 회피, 연구개발, 서비스, 판매원, 광고 등의 분야에서 원가를 최소화하려는 노력이 필요하다. 이러한 목표를 달성하기 위해서는 경영관리층이 원가관리에 많은 관심을 기울어야 한다. 경쟁기업에 대한 상대적 원가우위는 경쟁전략 전반에서 주요한 주체가 된다. 원가우위를 확보한 기업은 다른 강력한 경쟁요인이 있더라도 평균 이상의 수익을 거둘 수 있다. 또한 이런 기업은 다른 기업들과의 경쟁에서 오는 충격을 충분히 막아 낼 수 있다. 왜냐하면 경쟁과정에서 이윤이 다소 희생된다 하더라도 원가우위를 통해 보충해 나갈 수 있기 때문이다. 둘째로 하나의 제품을 타 기업의 제품과 차별화하여 경쟁우위를 누리는 차별화 전략도 있고, 셋째로 틈새시장을 집중 공략하는 집중화 전략도 있으나 여기서는 상세 설명을 생략한다.

내가 이렇게 강조하지 않아도 회사를 경영하는 CEO라면 원가절감이 매우 중요하다고 생각하는 분들이 많을 것이다. 원가절감에 대한 나의 견해는 단순히 비용을 절약하여 원가를 절감하자는 것이 아니다. 내가 생각하는 원가절감 목적은 두 가지다. 하나는 회사 내부에서 발생하는 낭비를 최소화하여 손실을 줄이고 경쟁력을 극대화하는 것이고, 다른 하나는 조직 내에 잔존하는 비능률적인 요소를 없애고 근검절약 정신을 갖추어 혁신과 변화를 지속적으로 이루어 나가는 것이다.

첫째 목적인 경쟁력 극대화를 위해서는 원가절감 방안이 반드시 캐시플로(cash flow)상에 반영될 수 있도록 시행해 나가야 한다. 잘못된 원가절감은 계획상으로는 거창하나 회계상으로는 반영되지 않는다. 예를 들면, 원가절감을 토론하던 승주CC의 회의

중에 절전운동 차원에서 모든 스위치 옆에 절전 스티커를 붙이자는 의견이 나왔다. 모두들 긍정적으로 생각하는 분위기였으나 나는 다시 한 번 생각해 보자며 다른 차원에서 다음과 같은 의견을 냈다.

"여러분들의 제안은 연말에 가서 연간 전기료가 전년보다 얼마나 줄었는지 대비를 해 보아야 결과를 알 수 있습니다. 설사 연간 전기료가 줄었다 하더라도 그것이 전등 스위치를 자주 꺼서 줄었는지, 겨울철 날씨가 전년보다 따뜻해서 보일러 전기 사용량이 줄었는지 알 수 없습니다. 이것은 제가 원하는 구체적인 원가절감 방안이 아닙니다. 그래서 저는 오늘부터 승주CC에 부착된 전등의 전구 50% 제거를 제안합니다. 이러면 전등의 절전 금액이 명확히 나올 것으로 봅니다."

나는 원가절감 주장을 하면서도 필요한 경비는 쓰되 불필요한 경비를 줄이라고 항상 강조한다. 이 외에도 원가절감을 위해 골프장 운영과 직접 관련이 없는 모든 비용 제로화, 직무통폐합을 통한 인원조정, 6개월간 사무용품 전면 구매금지 등 큰 것에서부터 사소한 것까지 직접적으로 원가가 줄어드는 일들을 추진한 사례가 있다. 원가절감은 고무풍선과 같아서 여름철 얼음 구매를 줄이면 선풍기 가동 전력비가 증가하는 현상이 생긴다. 즉, 앞으로는 원가가 절감되나 뒤로는 다른 요인으로 원가가 증가하는 경우가 발생하여 아무리 해도 현금상으로는 절감되는 게 없을 수 있다는 점에 유의하여야 한다.

둘째로는 비능률적인 요소를 없애고 근검절약 정신을 갖추도록 하여 혁신과 변화를 지속하는 데 목적을 두었다고 하였는데, 이는 바로 주인의식과 관련되어 있다고 보면 된다. 물론 모든 회사 일에는 주인의식이 필요하지만 원가절감과 관련해서는 직원들의 주인의식이 반드시 필요하다. 일반적으로 직원 입장에서는 회사에서 사용되는 모든 재화는 공동으로 사용하는 공공자원과 같다. 경제적으로 분석해 보면 함께 사용하는 공공자원은 원가절감이 잘되지 않는 경향이 있다. 사용에 제약이 있는 것도 아니고 일일이 사용을 통제하기도 어렵기 때문이다. 경제학에서는 이를 '공공자원의 비극'이라 표현하기도 한다.[2] 혹자에게는 궤변처럼 들릴 수도 있지만, 몇 가지 예를 들어 보겠다.

일반적으로 회의를 하기 위해 프린트하는 일회성 자료는 회의가 끝나면 전부 버린다. 그런데 회의 자료가 부족할 경우를 대비해 여유 있게 준비하는 직원이 부족하게 준비한 직원보다 좋은 평가를 받는 경우가 많다. 이 부분에 대해 아무도 원가통제를 하지 않는다. 복사기 역시 공동으로 쓰는 공공자원이다. 야근이나 휴일 근무 시 화장실 실내등은 커져 있으며, 퇴근 후 각종 전자기기들은 대기 상태로 전기가 흐른다. 회사 내 전기도 공공자원인데 이들 전기장치를 켜 놓은 상태로 방치함으로써 불필요한 에너지를 발생시켜 원가절감을 저해한다. 반대로 가정에서 쓰는 모든 것에 대해서는 절약을 하게 된다. 사유재산에서는 비용을 적게 발생하게 하려는 주인의식이 작용하기 때문이다. 진정한 주인의식 없이는 원가절감과 같은 지속적인 변화를 도모하기 어렵다는 것을 이 사례를 통해서 다시 한 번 확인할 수 있다.

그럼 실질적인 원가절감에 있어서 가장 중요한 비용이 무엇이냐는 질문에 나는 서슴없이 '고정비'라고 답한다. 기업의 CEO라면 고정비 관리가 매우 중요하다는 사실을 반드시 알아야 한다. 고정비가 높다는 것은 손익분기점이 높다는 것으로, 고정비를 만회하기 위해 매출액이 그만큼 증대되어야 한다는 것을 의미한다. 그리고 일정한 회전율을 유지하지 못하면 함몰비용(sunk cost)이 높아져 이익을 내기 어렵다. 처음 회사를 세울 때에는 물론이고 현재의 자리에서도 나는 고정비를 최소화하는 데 관리 포인트를 두고 있다. 일반적으로 회사 발전을 위해 건의되는 계획이나 아이디어를 면밀히 검토해 보면, 향후에 고정비화하는 것이 대부분이다. 나는 항상 영화산업과 같은 가상기업을 생각하고 있다. 영화산업은 고정비가 거의 없다. 영화대본과 감독이 결정되면 그때부터 주인공을 캐스팅하고, 스태프를 모으고, 영화를 찍고 나면 공중분해 되는 산업이다. 운신의 폭이 매우 넓은 산업이다. 반면 제조업은 장치산업으로 고정비 비율이 상당히 높다. 그래서 경쟁이 심화될 경우 기업의 운신에 문제가 되고, 종국에는 기업은 망해도 기계나 설비인 고정자산은 남는다는 말이 나올 정도로 고정비가 무서운 것이다.

실질적인 원가절감에서 고정비 다음으로 중요한 것은 재고비용으로, CEO는 재고관리의 중요성도 명확히 인식해야 한다. 제조업이든 농업이든 서비스업이든 재고관리를 잘해야 비용을 줄일 수 있는 것이다. 재고비용을 줄이고 회전율을 높여야 회사가 건전하게 운영된다. 건물을 임차하거나 자동차를 리스할 경우도 마찬가지다. 가급적 적정 임차기간을 잘 설정해야 비용을 줄일 수 있다. 사업의 발전성, 매출, 인력증감 등을 잘 고려하여 어느 정도 면적의 건물을 임차할 것인지 검토해야 한다. 너무 작은 건물은 잦은 이사로 인하여 부대비용이 많이 들고, 너무 큰 건물은 불필요한 면적에 대한 임차료를 부담하게 된다. 그리고 장기임차를 할 것인지, 단기임차를 할 것인지도 잘 검토해야 한다. 장기임차를 했을 경우 만약 사업규모가 축소된다면 공실이 많아져 비용지출 등의 부담을 안게 된다.

//The economic benefit from inventory reduction is evident from the following statistics: The average cost of inventory in the United States is 30 to 35 percent of its value. For example, if a firm carries an inventory of $20 million, it costs the firm more than $6 million per year. These costs are due mainly to obsolescence, insurance, and opportunity costs. If the amount of inventory could be reduced to $10 million, for instance, the firm would save over $3 million, which goes directly to the bottom line. That is, the savings from reduced inventory results in increased profit.//

미국에서도 재고관리 평균비용이 제품 가치당 30~35% 정도라고 한다. 이러한 사실을 잘 알고서 재고관리를 철저히 해야 이익을 실현할 수 있다는 사례이다.[3]

원가절감이나 비용절감의 실질적이고 구체적인 방법을 제시한 서적은 시중에 많이 출간되어 있다. 그러나 근본적으로 중요한 것은 구성원의 이해다. 서두에서 언급했듯이 나도 초년병 시절에는 잘 이해되지 않는 대목이 있었다. 비용절감을 위해서는 종업원들을 동참시켜야 한다. 원가절감의 이유를 설명하고 비용 프로세스 상에 존재하는 이해관계자를 잘 설득하여야 한다. 본인의 일로 생각하는 주인의식을 가진 사람만이 비용을 절감할 수 있다는 것을 명심해야 한다. 그리고 원가절감은 지속적으로 추진되어야 한다. 경기가 불황이어서 원가절감을 하는 것이라고 생각하지 말고 기업의 정신과 문화로서 매년 낭비요소를 발굴해 나가는 과정에서 직원들의 참여의식도 생기는 것이다. 그리고 적정한 보상으로 원가절감에 대한 동기부여가 필요하다. 아이디어를 발굴하거나 적극적인 생각을 가지고 회사에 기여한 직원과 이해관계자에게 즉시적인 동기부여는 상당한 지속성을 유발하는 동인이 된다.[4]

1. 마이클 포터, 경쟁전략, 21세기북스, 2009년, 1판 2쇄, 80~83쪽
2. N. Gregory Mankiw, Principle of Economics, 교보문고, 2008년, 275~277쪽
3. F. Robert Jacobs 외 1인, Operations and Supply Management, McGraw-Hill, 2010년, 2판, 387쪽
4. 게리 롱, 마른 수건도 다시 짜라, 마젤란, 2009년, 개정판 1쇄, 5~7쪽

위 사진은 2005년 영국 윈저성(Windsor Castle) 견학 도중 들렀던 음식점 안내문이다. 우리나라 말의 '예'를 '그렇다'로 표현하였다. 아래 사진은 2011년 서울 강남구 대치동의 어느 커피전문점 안내문이다. 한글로 표현은 했지만 '원'자 한 글자만을 제외하면 아라비아숫자와 영어밖에 없는 광고 문구이다. 주변의 여러 가지 표현들이 세계가 글로벌화하였다는 것을 실감하게 한다.

07

글로벌 마인드를 견지하라

승주CC의 소재지는 전라남도 순천시 상사면 오실길 333번지이다. 순천시내에서 승용차로 15분 남짓 소요되는 위치에 있어 가깝다고는 하지만, 그래도 오다 보면 농촌 풍경을 지나 산속에 자리 잡은 곳이다. 지리적으로는 물론 비즈니스 자체도 대부분 국내 거주 지역사람들을 상대로 이루어지고 있다. 그런데 이러한 회사도 글로벌 환경에 영향을 받아 울고 웃는다. 2008년 미국 발 모기지론 사태로 시작된 금융위기가 세계경제는 물론 국내경기에도 영향을 주어 골프장의 회원권 가격이 떨어지기 시작해 현재는 사실상 IMF 시절인 2000년경으로 회귀하였다. 또한 필수적인 비용만 지출하는 긴축된 경제행위를 하다 보니 금융위기 전보다 내장객이 많이 줄어드는 현상이 통계치에서 나타나고 있다. 2012년에는 그리스 발 유럽의 재정위기가 다시 한 번 세계경제를 불안하게 만들고, 2/4분기에는 중국의 연 8% 성장률이 무너지면서 세계 각국의 소비와 투자를 또다시 위축시켜 골프산업 전반에 매우 부정적인 영향을 미치고 있다.

「뉴욕타임스」 칼럼리스트인 토머스 프리드먼(Thomas Fried-man)이 2005년 지은 『세계는 평평하다』라는 책의 도입부에 나오는 내용이지만, 근자에 골프를 치는 사람들을 살펴보면 르꼬끄 바지를 입고 풋조이 신발을 신고 나이키 모자를 쓰고 나가서 타이틀리스트 공에 자기 이름을 표시하고 젝시오 드라이버로 티샷을 날린다. 라운딩 중간의 그늘집에서 코카콜라를 마시고, 파3에서는 HSBC은행에서 제공하는 홀인원 기념품 안내를 본다. 물론 여기는 국내이지만 토머스 프리드먼은 인도 방갈로르에서 라운딩하면서 티샷 방향을 '마이크로소프트나 IBM 건물로 잡으라'는 말을 듣는다는 내용이 나온다. 매우 빠르면서도 동시적으로 진행되는 세계 사회를, 콜럼부스가 인도를 찾아가는 둥근 지구가 아니라 평평한 지구로 표현하였다. 앞서 언급하였듯 유럽의 글로벌 금융시장에 전날 위기 상황이 오면 바로 다음날 아침 우리나라 주식시장에도 이러한 결과가 반영되는 것은 세상이 평평해졌다는 것, 즉 우리가 살고 있는 세상이 글로벌화하였다는 사실을 너무도 잘 일깨워 준다.

한 가지 더 예를 들면, 미국 경제학자인 피터 나바로(Peter Navarro)가 집필한 책 『브라질에 비가 내리면 스타벅스 주식을 사라(If It's Raining in Brazil, Buy Starbucks)』를 보면 글로벌화한 세계경제를 몇 단계를 거쳐 설명하고 있다.[1]

- 세계 최대 커피 생산국인 브라질에 비가 내린다.

- 심각했던 가뭄이 해소된다.

- 덕분에 커피 생산량이 늘면서 커피 가격이 급격히 떨어진다.

- 따라서 세계 최대 커피 체인점인 스타벅스는 원가절감이 가능해진다.

- 결국 스타벅스의 경영 실적 호전으로 연결되어 자연스레 주가가 상승한다.

이유야 어떠하든 미국을 제외한 전 세계 국가들은 억울하기 그지없었다. 과도한 빚으로 LA에 집을 산 미국인들 때문에 순천시에 소재한 승주컨트리클럽의 내방객이 줄어들어 전전긍긍한다. 이것이 바로 근래 우리들이 경험한 나비효과의 실체다. 하지만 어찌겠는가! 지구촌이 이미 하나의 유기체로 작동하고 있는 것을. 특히 비즈니스 및 경제적 측면에서는 더욱 그러하다.

토머스 프리드먼의 『세계는 평평하다』 목차 앞부분인데 '우리가 잠자는 동안에도 세계는 변한다'는 내용에 공감이 간다. '세계를 평평하게 하는 10가지 동력'이 당시에는 신선하게 느껴졌으나 지금 보면 아주 오래된 용어처럼 느껴지는데, 그만큼 세계가 빨리 변화한다는 것을 알 수 있다.

한 기업의 CEO라면 사업의 영역이 다국적이든, 국내시장에서 경쟁을 하든 간에 글로벌 마인드를 가져야 한다. 그렇지 못하면 국제경쟁뿐만 아니라 국내경쟁에서도 밀려나므로 반드시 글로벌 마인드를 가지고 본인이 책임지고 있는 사업영역에 영향을 미치는 국제적인 영향요소를 잘 파악해야 한다. 국내에서만 생산 판매되는 경우 시장의 제한으로 인하여 성장에 한계가 있을 수밖에 없다. 특히 우리나라는 인구나 국토면적에서 선진국에 비해 상대적으로 시장의 제한이 많아 어려움도 많은 편이다. 국가 간의 정보나 물류 이동이 자유롭지 못했던 20세기 이전과 달리 21세기에는 정보의 즉시성과 물류이동 기간 단축 등 많은 변화가 동시다발적으로 이루어지고 있어 글로벌 마인드가 중요하다는 것이다. 글로벌화가 진행되면서 속도전도 무시할 수 없다.

경제시계의 바늘은 속도 전쟁이라는 용어가 함축하듯 눈이 핑핑 돌아갈 정도로 빨리 가는 것이 특징이다. 새 기술의 TV를 개발하는 데 걸리는 시간을 보면 경제시계의 바늘이 얼마나 빨라졌는지를 잘 알 수 있다. 경영학자들에 따르면 1954년에는 45년 걸렸지만, 1999년에는 10년, 2009년에는 2년, 2010년에는 6개월로 짧아졌다. 스마트폰의 신제품 교체 주기는 2, 3개월에 불과하다고 한다. 1년 중 절반을 해외에서 보낸다는 한 기업인은 "생산시설이나 주요 시장이 해외에 있을 경우 정상적인 절차를 통해 관련 동향을 보고받고 대책을 마련해서는 '때'를 놓치게 된다. 최고경영자가 현장에서 문제를 직접 접하고 현장에서 의사결정을 내리는 기업만이 지금의 글로벌 경쟁에서 살아남을 수 있다.”고 설명한다.[2]

　보다 구체적인 글로벌 마인드를 나는 세 가지 관점에서 이야기하고자 한다. 포스코 인사부서에서 15년 이상 일해 본 경험이 있는 나는 해외에 주재하는 직원들과 이 부분에 대해 많은 이야기를 나눌 기회가 있었다. 그들은 글로벌 마인드에 대한 지수가 높은 사람은 대부분 세 가지 특성이 있다고 한다. 글로벌 역량, 개인 인성 그리고 현지문화 적응성에 대한 평가가 높은 사람이 글로벌 마인드를 갖춘 사람이라는 것이다. 현지 언어 역량이 떨어지면 소통에 문제가 있고, 개인적인 성격이 원만하지 못하여 현지에서 마찰을 일으키는 경우도 종종 일어나고, 우리나라 문화에 익숙하다 보니 현지 관습에서 벗어난 언행으로 중요 비즈니스를 실기하는 경우도 왕왕 발생한다. 그중에서 인성과 문화적인 요소에 대한 언급은 생략하고, 여기서 강조하고자 하는 것은 글로벌 역량 중 현지인과 소통의 기본이 되는 언어 구사능력이다. 국교 수립 후 우리나라에서 중국에 가서 사업한 분들은 대부분 조선족 통역으로 사업을 하였다. 그러나 통역이 제대로 이루어지지 않고, 오히려 통역하는 사람의 이익을 대변하는 쪽으로 비즈니스가 진행되어 예기치 않은 피해를 보았다는 이야기를 전해 들은 것은 물론, 책자에 적시된 것도 본 적이 있다.

　역사적으로도 다른 나라와 소통을 잘하는 사람이 리더가 됐다. 해

방 후 남쪽에서 가장 영어를 잘하는 사람 중 하나는 이승만 박사였다. 이 박사의 영어는 미국 프린스턴대학에서 학위를 수여할 정도여서 미국과 가장 잘 소통할 수 있는 사람이었던 것이다. 북한도 마찬가지였다. 소련 군사학교 출신인 김일성은 중국어와 러시아어에 능통했다. 당시 러시아어나 중국어에 능통한 사람은 많았다. 그러나 소련의 군사문화까지 완전히 체득한 사람은 드물었다. 만약 당시 한국의 명운을 쥐고 있던 국가가 중국이었다면 상황은 달라졌을 것이다. 영어나 러시아어를 잘하는 것은 별로 중요하지 않았을 테니까. 아마 중국어를 잘했던 인사 중 남에서는 김구 선생, 북에서는 무정 장군이 남북의 수장이 될 가능성이 높았을는지 모른다.[3]

이러한 외국어 구사능력은 하루아침에 되지 않는다. 평상시 지속적으로 노력한 결과가 모두 합쳐진 게 외국어 구사능력이다. 우리나라 사람들이 우리말을 잊어버리지 않고 잘 기억하는 것은 매일 우리말을 사용하기 때문이다. 어린아이들의 생활지역을 바꾸면 종전의 사투리 대신 며칠 만에 현지 사투리를 쓰는 것도 이렇듯 자주 사용하는 언어를 기억하는 데 원인이 있다. 혹자는 언어에 대해 말하기를 10년 동안 배운 외국어를 10년 동안 사용하지 않으면 하나도 안 배운 것처럼 원점으로 돌아가고, 5년 배운 외국어는 5년 그리고 3개월 배운 외국어는 3개월 후면 다 잊어버린다고 한다. 요사이는 스펙을 위해 꼭 영어나 다른 외국어를 해야 하느냐며 다른 시각으로 보는 경우도 있다. 그러나 나는 채용면접을

박세연

7-1-2번 마라혼의 발음이 배러번으로 나는 군요. 기초부터 해보겠다고 원만한 단어 정확한 발음 기호 찾는 다고 시간이 엄청 소비되는 군요. ◆◆

7-2-4번 잘기로 할 수 있는지? 라는 질문에 Yes, but I haven't played in ages(in ages: 한동안, 한참동안) 이런 뜻인듯.... 그래도 해석이 되어서 재미 있습니다. Time and tide wait for no man(요사이는 woman도 같이 써야 하는 것아니지요). 오늘 밤늦게 귀가 했지만 눈을 부라리고 열씨미.. Good night everyone.

2011/10/05
답글 수정 삭제

Time and tide wait for no man. 이라는 문장에서 woman이 사용되지 않은 이유는 man이라는 단어가 '남자'가 아니라 '사람'이라는 뜻으로 사용되었기 때문입니다. man이 바로 대표적인 남성 편파적 단어입니다. (fireman이나 policeman처럼...여성소방관과 경찰관도 있는데도 말이죠...)

ㄴ 김여경

직장인이심에도 불구하고 아침 일찍부터 영어수업에 참여하시고, 또 과제도 매일매일 하시는 모습.. 정말 멋지십니다. ^^
또 영어를 하기싫지만 해야만 하는 하나의 '과제'라고 생각하지 않고 즐기며 하나하나 배우는 것에서 '재미'를 느끼시는 것 같아 저도 기분이 좋네요~ That's what I want.
저도 여러분들이 영어를 더욱 즐기며 배우실 수 있도록 재미있고 질높은 강의준비에 힘쓰겠습니다. 모두 화이팅!!^^

2011/10/06
답글

해외 외국어 공부나 유학 기회가 없어 국내 연안 내에서 혼자 외국어 공부를 한 나 같은 사람을 '해외파'와 대비하여 '연안파'라 부른다. 2011년 광고회사에 전념하다 보니 외국어에서 멀어진 느낌이 들어 연말연시 5개월 동안 아침 6시에 외국어 공부를 하러 강남에 있는 학원에 다녔다.

하거나 사람을 평가할 때 외국어를 잘하는 사람에 대해서는 두 가지 관점에서 약간의 가산점을 주었다. 첫째, 영어를 잘한다는 것은 대부분 중요한 정보나 자료가 영어로 되어 있기에 이러한 정보에 빠르고 용이하게 접근하여 이를 해독할 능력이 있다는 것이다. 둘째, 외국어라는 게 하루아침에 유창하게 되는 것이 아니기 때문에 지속적으로 끈기 있게 공부한 노력과 열정을 가상히 여긴다는 것이다. 이런 사람들은 회사에서도 본인에게 맡겨진 일을 끈기 있게 잘해 내리라는 생각에서 가산점을 준다.

1. 김광희, 창의력에 미쳐라, ㈜넥서스, 2012년, 초판 17쇄, 68~70쪽
2. 천광암, 동아일보, 2012.7.18일자
3. 차길진의 갓모닝, 일간스포츠, 2012.7.27일자

제3장

운영에 있어
고민해야 할 일

순천상공회의소 상임위원으로 함께 활동하는 지역인사 한 분이 승주CC 파우더룸을 사용할 때 새 면봉과 사용한 면봉 위치가 가까워 혼동하는 경우가 생긴다는 의견을 제시하였다. 고객의견에 대해 직원들과 개선방안을 모색하던 중 직원 한 명이 간단한 해결책을 내놓아 아래 사진처럼 변경하였다. 위·아래 사진을 보고 숨은 그림 찾기를 한번 해보시는 것도 좋을 듯하다.

O8

'고객' 그들이 있기에 회사가 있다

포레카 대표이사로서 새로운 회사를 꾸린 지 얼마 되지 않았을 때의 일이다. 광고를 수주하기 위해 광고주 회사 CEO분들을 방문하여 비즈니스 미팅을 한 적이 있다. 광고업은 '광고주님'을 줄여 '주님'이라고 호칭할 정도로 치열한 수주산업이다. 그래서 상대 CEO와 첫 만남의 중요성을 누구보다 잘 아는지라 복장부터 정갈하게 하여 단정한 모습으로 인사하고 명함을 드렸다. 응접실에 앉아 이야기를 시작하려는데 상대방이 나의 명함을 한참 들여다보다가 나를 당황스럽게 하는 말을 꺼냈다.

"박 사장, 아직 박 사장 회사는 아쉬운 게 없군요."

"무슨 말씀이신지?"

이야기의 핵심을 정확히 파악하지 못한 나는 반문을 하였다.

"박 사장이 명함을 보니 휴대전화 번호가 없는데, 광고 수주활동이 일과 중 사무실에서만 발생하는 것도 아니고 비즈니스상 내가 긴급히 통화할 일이 생기면 어떻게 박 사장을 찾아야 하는지 궁금합니다."

순간 나는 아차 싶었으나 그분의 말은 계속 이어졌다.

"최근에 불필요한 전화가 자주 오는 경향이 있어서 휴대전화 번호를 명함에 표기하지 않는 분들이 많은데, 이는 상대방을 전적으로 배려하지 않는다는 뜻이기도 합니다. 박 사장이 명함을 아무 데나 주는 것도 아니고, 그 명함을 받은 사람 수준이라면 충분히 예의를 갖출 것입니다. 이런 명함을 받으면 내가 휴대전화로 아무 때나 전화를 하는 예의 없는 사람으로 여겨지는 것 같습니다. 특히 수주활동이 마케팅의 주된 기능인 회사는 반드시 모든 연락처를 명기하여 고객이 편리하게 연결하도록 해 주어야 합니다. 처음 수주활동을 하는 것 같아서 오늘 사회 선배로서 한 말씀 드리는 것이니 오해 없기를 바랍니다."

나는 이 말을 듣고는 고객중심의 사고와 거리가 먼 짓을 하였다는 생각에 다음날 바로 명함을 바꾸었다. 이것은 사소한 것이지만 고객을 항시 생각한다는 게 매우 중요하다는 관점을 일깨워 준 일화이다.

고객과의 관계는 대부분 마케팅이나 서비스를 제공하는 말단에서 일어난다. 하지만 회사의 어느 계층에서도 관계가 일어날 수 있기에 임직원 모두는 이 점에 주의를 기울이고 일해야 한다. 고객은 자신이 대면하는 접점 종업원의 역량과 서비스 행위를 보고 회사를 평가하기 때문에, 고객 입장에서 접점 종업원은 곧 회사이며, 회사를 대표하는 것이다. 따라서 아주 짧은 순간순간이지만 서비스 접점(service encounter)에서 '진실의 순간(MOT; moment of truth)'을 관리하는 것은 매우 중요하다. 서비스 제공자가 서비스를 제공하는 매 순간은 고객이 지각하는 서비스 품질과 기업 이미지, 만족도 형성에 큰 영향을 미친다는 데 MOT의 중요성이 있다. 즉, 서비스 제공 과정에서 고객이 경험하는 긍정적 인상은 서비스의 품질과 이미지, 만족도를 강화하는 효과를 낳고, 부정적 인상은 그 반대의 결과를 낳는다. 또 긍정적 경험과 부정적 경험이 상호작용하여 혼재하는 상황이라면 서비스 품질에 대한 불확실성을 높이고 서비스의 일관성과 신뢰도를 떨어뜨려 경쟁력이 취약한 서비스가 되고 만다.

고객이 지각하는 서비스 품질과 만족에는 '곱셈법칙'이 적용된다. 즉, 100−1의 값은 99가 아니라 0이라는 것이다. 여러 번의 MOT 중 단지 어느 하나의 MOT에 실패했다 하더라도 고객은 서비스 전체를 나쁘게 평가하므로 한순간에 고객을 잃게 된다. 서비스 접점에서 모든 순간이 고객과의 관계 형성에 같은 비중으로 중요한 것은 아니다. 왜냐하면 모든 서비스 기업은 서비스 제공 시

고객만족에 핵심적 역할을 하는 특유의 순간들을 갖고 있기 때문이다. 예를 들면, 호텔 서비스에서는 초기 접촉 순간이 가장 중요하고, 의료 서비스에서는 식사나 퇴원보다 의료진과의 접촉이 보다 더 중요하다. 때로는 여러 번의 결정적 순간 중 한순간의 긍정적 고객 접촉이 그 고객을 평생고객으로 만들기도 한다. 이처럼 주차요원이나 창구직원, 전화상담원, 안내원 등 일선 종업원들의 역량과 접객 태도는 회사의 운명을 좌우할 수 있을 만큼 중요하다. 요컨대, MOT 관리는 서비스의 경쟁력을 유지·강화하기 위한 필수요건이며, 이는 서비스 프로세스 및 서비스 접점 관리의 중요성을 시사하는 것이라고 하겠다.[1]

골프장 운영에서도 가장 중요한 것은 고객이다. 한 번 온 고객이 다시 찾도록 하는 것이 중요하다. 승주CC에 부임하고 나서 우리 임직원의 사명을 "한 번 오신 고객이 잊지 못해 다시 찾는 명품 컨트리클럽을 만든다"로 정한 이유도 여기에 있다. 그만큼 충성고객을 많이 확보하는 게 중요하다는 것이다. 그러면 골프장에서 가장 중요한 고객 접점은 어디인가? 진실의 순간에 가장 많은 접점을 두고 있는 곳은 어디인가? 나는 단연코 경기도우미라고 생각한다. 골프장에 오는 고객의 대부분은 가장 많은 시간을 경기도우미와 함께한다. 한 명의 경기도우미가 4시간에서 5시간 동안 4명의 고객을 모시고 다니는 것이다. 고객 접점에서 경기를 지원하는 경기도우미가 플레이어에게 도움을 드려 고객이 보다 만족감을 느낀다면 승주CC는 아주 오랫동안 기억될 것이고 방문한 고객들은 좋은 구전 홍보를 해 줄 것이다.

골프장 경기도우미의 완벽한 서비스는 고객감동을 자아낸다. 승주 CC 고객 중에서 운동을 마치고 감사하다는 편지를 남겨 주신 분이 있었다. 고객 서비스에서 '진실의 순간(MOT)'이 이처럼 중요하다.

그래서 나는 경기도우미들의 사기를 진작하기 위해 가급적 세심한 배려를 해 주었다. 우선적으로 20년 동안 사용해 온 탈의실 옷장과 샤워장을 리모델링해서 경기에 임하기 전 깨끗한 탈의실에서 옷을 갈아입고, 경기를 마치고 나서도 기분 좋게 샤워를 한 후에 귀가할 수 있도록 하였다. 그리고 각 조 조장과 정기적인 간담회 자리를 마련하여 그들의 의견을 듣는 시간을 가졌다. 아침 및 점심도 직원식당에서 함께 할 수 있도록 하고, 현관에서 클럽 하차하는 것도 남자 사원들이 조를 짜서 지원하게 하여 부담을 줄여 주었다. 일주일에 한 번은 경기도우미 유니폼이 아닌, 개인별로 선호하는 자유 복장을 하고 경기에 임하는 복장 자율화도 추진하였다. 생일날 아침이면 그들에게 정말 필요한 장갑, 머리띠, 수건 등을 예쁘게 포장하여 일일이 찾아다니며 선물하였다. 그들의 마음이 진정으로 승주CC에 있도록 하면, 그러한 마음이 고객에게 친절한 행동으로 전달되어 한 번 찾은 고객이 다시 방문하게 되리라는 나의 믿음 때문이다.

고객과의 관계에서 중요한 것은 고객의 목소리를 경청하는 것이다. 그들이 말하는 모든 것을 다 반영할 수는 없지만, 그들이 있기에 회사가 존재한다는 것을 한시도 망각해서는 안 된다. 현재 자기 자리도 그들이 있기에 존재한다는 사실을 잊어서는 안 된다

No.	접수 일자	V.O.C	접수 경로	접수팀	해당팀	진행 상태	조치 일자	유형	조치결과	VP연계
6	6월14일	날씨가 더우니까 벌레들이 많네요. 벌레 물렸을때 바르는 약도 있었으면 좋겠어요.	프론트- 장미지 사원	경기 진행팀	영업팀	진행중	6월14일	서비스	비상약품 구입 예정 중에 있습니다.	
7	6월14일	가끔 진행이 밀리네요.	프론트- 장미지 사원	경기 진행팀	경기 진행팀			예약/ 경기 진행	1부 잔여타임이 많이 남아 2부에 예약 외로 팀을 받다보니 코스가 밀리는 현상이 발생하는데, 진행에 신경쓰도록 하겠습니다.	
8	6월14일	레스토랑 신메뉴 중 돈부리 (일본식 덮밥)가 좀 단 것 같네요. 약간 짭짤했으면 더 맛있을텐데요.	프론트	경기 진행팀	영업팀		6월15일	메뉴	일식 돈부리는 자체가 단맛을 지니고 있는 음식입니다. 추후 VOC 청취 후 고객 성향에 맞게 개선하겠습니다.	

승주CC 영업을 함에 있어 고객관계의 중요성을 강조하면서 고객의 목소리를 듣기 위해 VOC 대장을 비치하고 사소한 것도 모두 기록하도록 하였다. 즉시 조치를 할 것은 조치를 취하고 나머지 내용은 월간 단위로 의견 빈도수를 분석한 후 적절한 조치를 취했다.

는 것이다. 그러나 우리가 오랫동안 현업에 종사하다 보면 주객이 전도되어 누가 누구를 위해 존재하는지를 잊어버리고 합리적인 변명을 늘어놓는 경우가 간혹 있다. 나는 이러한 증세를 '공직증후군'이라고 명명하고자 한다. 여기서 '공직'이라 함은 공무원을 의미하는 것이 아니라 '공공(公共, public)의 지위'를 의미하는

것으로, 공공의 행복과 번영을 위해 존재하는 기업·기관·법인 등 모든 실체를 의미한다. 이러한 공직은 세금이나 기금, 출연금 혹은 이해관계자의 투자 등과 관련된 자금으로 운영되는데, 당초 목적과 달리 공직 자체가 고객에게 헌신적이지 않고 고객 위에 군림하는 경우가 간혹 나타나기에 이렇게 명명한 것이다. 나는 공직증후군에 걸리지 않기 위해 회사 매출을 올려 주는 고객을 대상으로 가능한 한 많은 이야기를 경청한 후, 나 나름대로 의견을 정리하여 고쳐야 할 것은 반드시 개선코자 노력을 기울였다.

---

1. 박오성, 서비스경영론, 한국학술정보, 2008년, 256~257쪽

포레카에서 광고수주 금액이 크거나 긴급한 사안의 경우, 보다 좋은 아이디어를 신속히 구하기 위해 경영자가 직접 회의를 주관하며 현장을 독려할 필요가 있었다. 위 사진은 S자동차 신제품 출시에 따른 광고제작회의에 필자가 같이 참여하여 토론을 하는 장면이고, 아래 사진은 회의실 전면과 측면에 부착되어 있는 광고기획 아이디어들이다.

09

현장에
밀착되게
일해야 한다

포레카에서는 주당 7만부 정도 발행하는 포스코 신문 16면의 편집 작업을 1주일에 한 번씩 한다. 편집 작업은 대개 화요일에 마치고, 수요일에 포스코 발행인의 의견을 받아 편집 내용을 일부 조정하여 인쇄한 다음, 목요일 아침 8시 이전 전국에 산재한 포스코와 계열사 등에 배포한다. 다시 말해 매주 화요일 저녁 퇴근 무렵이면 편집 작업이 거의 완료된다. 그런데 2011년 12월 13일, 화요일 오후 6시경 편집 작업을 전면 수정하라는 재작업 지시가 포스코 측에서 내려왔다. 그날 오후 5시 20분경, 포스코를 창업하신 박태준 전 회장님이 별세하셨기에 기존의 기사 50%를 보류하고 박 회장님과 관련한 기사로 재편집해야 하는 일이 발생한 것이다. 편집실 직원들은 물리적으로 어렵다고 하였으나 나는 편집실장과 직원들에게 마음을 추스르고 작업에 임하도록 하였다.

보통 이틀 하고도 반나절에 걸쳐 추진되는 편집 작업을 12시간 내에 재작업해야 하기에 직원들의 불평은 충분히 이해할 수 있었다. 그러나 이해는 이해이고 작업은 작업이라고 판단하였다. 나의 경험으로 보아 이제까지의 직장생활이나 한 회사의 CEO를 맡은 이후 한 번도 완벽한 조건에서 일해 본 적이 없다. 항상 시간에 쫓기거나, 예산과 인력이 부족하거나, 고객이 까다롭거나, 여러 가지로 제약 요소가 많았다. 그래도 이를 극복하고 좋은 결과를 내는 것이 바로 포스코정신 아닌가 하는 생각에서였다. 편집실뿐만 아니었다. 제작국에서는 관련 보도 영상자료를 준비해야 하는 추가적인 일이 급박하게 발생하였다. 그 순간, 나는 오늘 밤부터 내일 새벽까지 모든 것을 회사에서 직원과 함께 해야겠다고 결정하고 그날 저녁과 다음날 오전에 있는 외부 약속을 모두 취소하였다. 모든 업무 일정이 스피드를 요구하기에 현장에서 의사결정을 즉각 해 주기 위함이었다. 긴 밤이 지나고 동이 트는 새벽 무렵 나나 직원들은 서로 빨간 눈과 개기름이 번지르르 흐르는 얼굴을 마주보며 정말 우리가 해낸 것인지 스스로에게 놀라면서 함께 웃을 수 있었다.

CEO는 전략적인 생각으로 조직을 이끌고, 장기적이고 미래지향적인 일을 주로 하는 사람으로 막연히 생각들을 하지만, 실은 아주 섬세한 측면도 고려해야 한다. 직원이 없는 리더나 CEO를 생각해 보면 상상이 되지 않는다. 결국 CEO는 항시 직원들과 현장에서 동고동락한다는 생각을 가지고 있어야 한다. 대기업의 총수들도 시간만 나면 현장을 방문한다. 현장을 떠나서는 조직의 수장으로서 존재할 수 없고, 긴급한 상황이 발생할 경우 현장에서 멀어지면 상당한 어려움에 직면하게 된다. 긴급한 상황에서는 현장이 가장 중요하다는 사실을 알게 해 주는 두 가지 사례가 있다.

2011년 9월 15일 오후. 전국 곳곳에서 갑자기 전기 공급이 끊기는 사상 초유의 정전사태가 빚어졌다. 예비전력이 바닥나 전기를 사용하는 전국의 모든 시설이나 설비의 전기 공급이 동시에 끊기는 이른바 '블랙아웃(black out)'으로 가지 않기 위한 예방 조치라고 했다. 이 때문에 전국은 대혼란에 빠졌다. 무려 162만 가구가 정전에 따른 불편을 겪었다. 교통 신호등이 꺼져 도로는 아수라장이 됐고, 아파트 등의 엘리베이터가 갑자기 멈추면서 119에 구조요청 전화가 수천 건이나 빗발쳤다. 은행 등 금융기관 업무도 마비됐다. 정확하게 집계는 안 됐으나 산업현장, 양식장 등에서 입은 피해도 적지 않았다. 장장 5시간의 정전 대란이었다. 한데 당시 주무부처 장관은 오후 4시에 상황을 보고받고도 오후 6시쯤 청와대로 자리를 옮겨 한국과 콜롬비아 정상 만찬에 참석한 뒤 오후 10시 30분쯤 귀가했다고 한다. 아무리 정상 만찬이라지만 국가 대란이 발생했는데 컨트롤타워가 제대로 작동하지 않은 것은 문제라는 언론의 따가운 지적을 받고 얼마 후 장관직을 사임하였다. 수장은 중요한 때, 어디에 위치해 있는지가 중요하다. 중요한 사건이 발생하면 그만큼 리더가 중요하다는 이야기다. 높은 위치에 올라서서 예정된 스케줄에 의존하여 움직이다 보면, 타성에 젖어 긴급하고 중요한 사안이 발생해도 일상적인 일로 치부하고 대응이 늦어질 수 있다는 경각심을 주는 사례이다.

반면, 1968년 1월 21일 오후. 최규식 서울 종로경찰서장은 김신조가 속한 124군 부대가 청와대를 기습하기 위해 내려왔을 때 현장 출동하여 진두지휘하였기에 지금도 추앙받는 것이다. 그는 "거동 수상자 30여 명이 '방첩부대원'이라며 검문에 응하지 않고 세검정에서 자하문 쪽으로 이동 중"이라는 보고를 받았다. 즉시 기동타격대의 출동을 지시하고 현장으로 달려간 최 서장은 거동 수상자 무리를 가로막고 신분을 추궁했다. 청와대와 직선거리로 불과 300m인 이 지점은 영화 '실미도'의 소재가 된 북한 124군 부대의 청와대 기습 현장이다. 김신조를 비롯한 무장공비들과 총격전 끝에 사망한 그의 업적과 리더십은 현재까지 널리 기억되고 있다. 나는 긴박한 상황에서 그가 직접 현장을 지휘했기에 그의 정신이 후대에 길이 남아 있는 게 아닌가 생각한다.

많은 선배 경영자들은 '현장에 답이 있다'고 이야기한다. 그만큼 기업의 경쟁력은 현장에서 시작된다고 보기 때문이다. 현장이 중요한 이유는 세 가지다. 첫째, CEO의 본업은 전략적이고 거시적인 일을 챙기는 것이지만 이렇게 중요한 일의 실행은 실제 구성원이 있는 곳에서 시작되기 때문이다. 무슨 일이든 제대로 실행되도록 하려면 현장을 다니면서 수시로 확인할 필요가 있다. 보고를 통해 일하다 보면 중간과정에서 보고자가 의도했든 하지 않았든 간에 보는 시야와 표현의 차이로 인해 현상이 왜곡되게 마련이다.

둘째, CEO가 현장 확인을 통해 본인의 업에 대해 많은 것을 배우고 경험을 축적하게 되기 때문이다. 다시 말하면 현장은 살아 있는 교육 장소다. 이를 통하여 솔선수범하는 업무자세를 직원들에게 보여줄 수 있다.

2012년 8월 28일에 북상한 태풍 '볼라벤'은 골프장 영업에 많은 지장을 주었다. 골프장 관리가 1차 산업인 농업과 임업에 가까운 탓에, 비가 오면 농부의 심정으로 코스와 주변 현장을 돌보아야 한다. 사진 가운데 우의를 입고 있는 사람이 직원들과 현장점검 후 작업내용을 설명하는 필자이다.

셋째, 현장방문을 통하여 일선에서 일하는 모든 직원에게 수시로 관심을 표현하는 것은 조직의 사기진작과도 관계가 있기 때문이다. 따라서 일정한 주기로 현장을 다니는 것은 경영자로서 반드시 수행하여야 할 의무다. 이병철 삼성 창업회장이 "경영이라고 하면 큰 것을 다스리는 것처럼 보이지만 결과는 언제나 작은 정성과 관심이 모여서 이룩된다. 이것이 경영의 요체다."라고 한 말의 의 승주컨트리클럽 CEO로 부임하여 처음 한 일이 입장료에 대한 전반적인 재검토였다. 일부 회원이 입장가가 비싸다는 의견을 제시하였기 때문이다. 입장료, 즉 서비스 비용이 적정한지 검토하라고 담당 실장에게 지시하기 전에 내 나름대로 자료를 검토하고 생각을 정리하여 메모한 뒤 고민해야 할 내용에 포함시키라고 전해 주었다. 직원들은 단순히 제목만 가지고 구두 지시하는 것보다 메모를 해 주면 이 일이 매우 중요하고 CEO가 많은 관심을 가진 것으로 생각하여 열정적으로 매달리게 된다는 것을 알 수 있다.

미를 되새겨볼 필요가 있다.

현장과 밀착되게 일하는 것과 관련하여 한 가지 더 이야기하고자 한다. 우리는 현장이라고 하면 주로 제조공장이나 건설현장부터 떠올린다. 그러나 사무업무 종사자들에게는 사실 사무실에서 업무를 진행하고 그와 관련된 사항들을 해당 이해관계자, 리더 혹은 경영층에 보고하는 과정이 실질적인 현장이다. 전략적인 대안이나 빅픽처를 그려야 하는 장기 프로젝트가 아니라면 리더나 경영층은 그들의 경험과 지식으로 사전에 방침을 주고 일반 직원들과 동일한 주제로 같이 고민을 하는 게 사무분야에서는 현장에 밀착되게 일하는 것이다. 아무것도 아닌 것을 어렵게 처리하는 과정에서 많은 시간과 비용이 낭비되는 경우가 비일비재하기 때문이다. 이렇게 함께 고민하여 의견을 제시하고 생각을 같이 해 보는 게 사무분야의 현장경영이 아닌가 하는 생각이 든다.

한국능률협회는 2011년 12월 기업에서 2040세대와 그들의 문화 코드를 이해해야 제대로 된 경영을 할 수 있다고 보고 설문조사[1]를 통해 우리나라 2040 직장인의 코드를 살펴본 바 있다. 이 조사에서 2040 직장인들이 대답한 'CEO와 하고 싶은 일'은 업무 논의가 40.1%(379명)로 가장 많았고, 개인상담(25.0%), 스포츠나 게임(14.6%), 회식(12.9%) 순으로 나타났다. 이런 결과를 놓고 볼 때 많은 CEO가 현장경영을 하면서 공장 중심의 스킨십에 치중하는데, 실질적으로 개별 업무에 대해 상담하는 것도 고려할 대목임을 시사해 준다.

---

1. http://www.kmac.co.kr/knowledge/read.asp?board_kind=2&pk=1421, △설문조사 대상:1970~1992년생(21~43세) 한국의 직장인 / △조사기간:2011년 12월 9~16일 / △조사방법:KMAC Rating21 패널 온라인 조사 / △조사테마:2040 직장인의 코드(개인, 조직, 리더십 차원에서 설문항목을 설계하고 이로써 2040 직장인의 5가지 코드를 이해할 수 있게 함) / △조사인원:944명

5S(정리, 정돈, 청소, 청결, 습관화) 방식으로 재고관리를 하여 재고가 완전히 노출되도록 하였다. 재고가 많아진다는 것은 그만큼 매출이 줄어들고, 가동률도 떨어지고, 현금회전도 잘 되지 않는다는 것을 의미한다. 재공품이든 판매품이든 숨겨진 재고가 없도록 잘 관리하는 것은 효율적 경영의 중요한 관점이라 할 수 있다.

10

재무회계 관련
지식을 쌓으라

포스코에서 인사·노무·교육분야를 중심으로 27년 정도 근무하다 포레카 CEO로 첫발을 디딘 것이 2010년 6월이었다. 이 기간 동안 나는 포스코에서 재무회계 부서는 근무하지 않았지만, 대학에서 경영학을 전공하였으며 석사과정에서 재무회계분야를 추가적으로 공부하였고, 평소에도 관심을 갖고 있었기에 재무회계가 그리 어렵다고 생각하지는 않았다. 그러나 대부분의 CEO는 이와 다르다. 어느 한 기업에서 내부적으로 육성된 전문경영인의 경우 전 분야를 경험한 후에 최고경영자 자리에 가는 것이 아니다. 기술이면 기술, 구매면 구매, 연구면 연구 등 일반적으로 한두 분야에서 주로 경력을 쌓다가 어느 날 한 회사의 CEO가 되는 경우가 많다. 그럴 경우 이해하기 쉽지 않은 분야가 바로 재무회계다.

CEO는 본인이 하는 모든 의사결정이 기업 손익에 어떠한 영향을 미치는지를 어느 정도 설명할 수 있어야 한다. 그러려면 기업의 모든 성과나 프로세스 흐름이 회계장부와 일치하여 돌아간다는 사실을 알아야 한다. 기업의 운영효율이 떨어지는 곳을 찾고자 한다면 그 정보는 모두 회계자료에 있다. 기업경영에서 회계정보를 제대로 이해하는 것은 필요조건이 아니라 필수조건이다.

일반적으로 회계장부는 투자자나 채권자, 정부와 같은 기업 외부집단에 기업의 경영성과와 재무상태에 관한 정보를 제공할 목적으로 작성된다. 그래서 외부 이해관계자가 이해할 수 있도록 표준적인 방법을 선택한다. 다시 말해 일반적으로 인정된 회계원칙(GAAP; Generally Accepted Accounting Principles)에 의거 작성해야 한다. 그래야 일일이 설명하지 않더라도 자료에 대한 상호 이해가 가능하다. 이렇듯 GAAP에 대한 지식 습득은 경영자가 되고 나서 생각하면 다소 늦을 수밖에 없다. 그 이전에 회계정보에 대한 공부를 어느 정도 해 두어야 한다는 말이다.

포레카와 승주CC 대표이사로 있으면서 이러한 회계정보와 재무정보를 매달 열리는 경영회의에서 전 직원에게 알려주고 실적이 나빠진 데 따른 반성과 함께 성과에 대한 칭찬을 병행하였다. 필요에 따라서는 직원들에게 회계 관점에서 생각하도록 교육하기도 하였다. 현장이라면 원가계산을 해 보아야 하고, 주방에서도 원가개

넘을 알아야 하고, 판매 측면에서는 매출액을 예상하는 방법을 논의하기도 하였다. 이렇듯 경영실적을 직원과 공유하는 목적은 주인의식을 갖게 하기 위함이다. 어린 시절에 집안 사정과 분위기를 잘 파악하여야 용돈을 얻기 쉽듯 회사 사정을 제대로 알아야 전 직원이 한 방향으로 대처하는 데 용이하다. 회사의 여건이 좋고 나쁠 때를 떠나서 항시 직원들과 함께하겠다는 의지의 표현이기에 경우에 따라서는 직원들의 자발적인 협조를 얻어 낼 수도 있다.

주주, 채권자, 투자자 등 외부 이해관계자에게도 성실한 정보 공시를 통하여 긍정적이고 지속적인 관계를 유지할 수 있도록 노력을 기울였다. 내외부적으로 합리적인 경영에 대한 이해와 지원으로 기업가치를 상승시키는 역할을 하는 것이 회계 관련 자료다. 특히 은행들은 이러한 사실을 누구보다 잘 알고 있다. 승주 CC에 있을 때의 일이다. 은행

'경영자가 회계를 왜 알아야 하는지'에 대한 네 가지 설명을 노트해 놓은 것이다. 일반적으로 '경리' 는 '경영관리' 의 준말이고, 중국에서 최고 경영자를 '총경리' 라 부르는 것도 같은 맥락이나 회계의 중요성을 강조하였다.

지점장들이 나에게 돈을 가져다 쓰라는 요청을 많이 했다. 이는 우리 회사 기업가치가 올라가 있다는 것을 의미한다. 기업가치가

올라간다는 것은 자본비용이 줄어든다는 의미이기도 하다. 그만큼 재무구조가 좋고 두둑한 회사라는 사실을 은행들이 알기 때문일 것이다. 회계장부상의 정확한 정리라는 재무회계의 1차 목적을 넘어 경영관리 차원에서 고려해야 할 사항 중 중요하다고 느낀 몇 가지를 이야기하고자 한다.

첫째, 예산에 관한 것이다. 예산은 다음 회계기간의 계획과 목표를 회계적인 숫자로 표시한 것을 말한다. 회사 내 모든 조직의 사업계획과 목표달성에 필요한 이 예산은 향후 성과평가의 기준이 되고, 이를 달성하기 위한 조직 전체의 동기부여 지표로도 활용된다. 우리는 이러한 기본적인 논리를 잘 알고 있으면서 매번 시행착오를 하는 게 있다. 구체적인 계획이나 목표를 설정한 뒤 예산을 편성하지 않고, 예산을 편성하는 시점에 사업계획도 함께 잡는다는 것이다. 혹자는 큰 차이가 없는 내용을 강조한다고 생각할지 모르겠다. 나의 경우는 이와 다르다는 것을 소개하고자 한다. 매년 8월경 내년도 사업을 구상하고, 9월경에는 임원 및 리더 계층과 일차적 공감대 회의를 한 뒤, 이에 대한 동의하에 회사목표 달성을 위한 부서별 세부 실행계획을 수립하고 예산을 편성한다. 즉, 10월 말경이면 내년도 사업계획과 예산편성을 완료한 뒤 사업 준비를 위한 모드로 전환한다는 것이다. 예산은 계획과 통제를 위한 하나의 도구이기에 이를 편성하기 위한 적절한 시기와 제대로 된 절차를 거쳐야 집행 이후 실효성을 거둘 수 있다는 이야기다. 이같이 중요한 기능이 내년도 예산 수립이라는 숫자적 의미에 급급하여 실질적인 사업계획이 제대로 검토되지 않고 제목만 정해진 상태에서 예산을 편성하는 사례가 많이 발생한다. 경영자는 예산편성에 앞서 사업계획부터 수립되도록 잘 관리해야 한다는 점을 거듭 강조한다.

둘째, 현금흐름의 관리를 잘하라는 것이다. 매일 아니면 매주 단위로 현금흐름을 반드시 체크하여야 한다. 대부분 흑자도산이라는 말을 들어 보았을 것이다. 일반적으로 한 기업이 자산보다 부채가 더 많은 상태에 이르러 도산한 기업을 부도기업이라 한다. 그런데 이익이 발생하더라도 매출채권이 제대로 회수되지 않거나 현금이 부족하여 만기에 이른 부채를 상환하지 못하여 부도에 이르는 경우도 있다. 이를 흑자도산이라고 한다. 기업이 부채보다 자산이 많더라도 당장 지급할 현금이 부족해 부도가 발생한 경우를 말한다. 나는 현금 시재관리를 매일 보고받는 체제로 프로세스를 만들었고, 은행의 시스템 협조를 받아 일일 지급되고 남은 현금을 리얼타임으로 관리하는 체제를 운영하였다.

셋째, 고정비 관리의 중요성이다. 이 책 제6절 '원가절감은 본원적 생존전략이다'에서도 언급했지만, 고정비는 한번 설정되면 회사가 문을 닫지 않는 한 지속적으로 발생하는 경직된 비용이기 때문에 고정비가 늘어나는 것을 강력히 억제해야 한다. 고정비 측면에서 중요한 항목 중 하나가 노무비다. 우리나라는 입직과 이직

$$WACC = k_d(1-t_c)\cdot\left(\frac{B}{B+S}\right) + k_e\cdot\left(\frac{S}{B+S}\right)$$

k_d : 세전부채비용, t_c : 법인세율, R_e 자기자본비용
B (Bond) 장기이자성부채 SCShare) : 자기자본시장가치
(1) 부채비용추정 : 채권의 만기수익률(YTM)활용.
액면가액 100만원, 액면이자율 10%, 3년만기. 현재시장가격이
회사채 1년이자수익률(YTM)?

$$900,000 = \frac{100,000}{(1+YTM)^1} + \frac{}{()^2} + \frac{}{()^3} + \frac{1,000,000}{(1+YTM)}$$

YTM = DIRR = k_d = 14.33
(2) 자기자본비용 : SML즉 (증권시장선) 이용추정.
k_e = E(Rj) = Rf + [E(Rm) - Rf]βj;
βj : 주식의 체계적위험 (3개지수)
E(Rm) : 시장포트폴리오기대수익률.
15% k_e = 0.06 + [0.15 - 0.06] 0.67 = 12%

가중평균자본비용에 대해 알아보고 이를 바탕으로 투자안 평가를 위해 이론적 공부를 별도로 하는 과정에 노트를 해놓은 내용이다.

이 자유롭지 못하다. 이 같은 노동시장의 경직화로 인하여 한 번 입사한 직원의 인건비는 줄일 수도 없고, 경우에 따라서는 연공급이 반영되어 해마다 일정 비율로 올라가는 경향이 있다. 그래서 새로운 인원을 충원할 경우 신중하게 결정하여야 한다. 나는 직원이 퇴사하면, 그가 하던 일을 하지 않는다면 회사에 어떤 일이 발생하는지를 반드시 고민해 본다. 그러고 나서 그 일을 없애거나 다른 사람에게 배분하고, 그래도 안 되면 새로 인원을 충원하였다.

다음으로 중요한 것이 복리후생 비용의 고정비화다. 포레카를 창업하고 얼마 되지 않아 모 기업에서 시행하는 '복지카드' 제도를 도입하자는 실무진 검토안이 올라왔다. 직원들은 다른 회사에서 운영하는 특정 제도의 도입 배경은 모르고 외형적으로만 좋은 것을 벤치마킹한 후 도입을 요구하는 경우가 종종 있다. 우리나라의 경우 경제권이 대부분 부인에게 있어 복지카드를 만들어 주면 아내 손에 카드가 전달된다. 그러면 본인에게 돌아오는 것은 아무것도 없어 직원들은 일주일 정도 지나면 뭔가 허전함을 느끼게 마련

이다. 또한 이런 비용이 고정비화되어 1년이 지나면 복지카드 사용한도를 물가인상에 맞추어 달라고 한다. 이는 직원들에게 동기부여 요인으로 작용하기보다 고정비화되어 매년 거론 대상이 되는 취약한 제도이다. 오히려 직원들에게 현금 보너스 형태로 일시에 지급하는 것이 동기부여에 훨씬 나을 듯하다.

넷째, 재무적 관점의 지식이 필요하다. 투자안의 타당성을 이해하기 위해서는 순현가법(NPV) 혹은 내부수익률법(IRR) 등 재무적인 관점에서 고려해야 될 항목들이 언급되는데, 사전 지식이 충분하여 바로 계산하고 이해하면 좋겠지만 실상은 그러하지 못하다. 한 회사의 CEO라면 재무적 관점에서 이야기되는 자기자본비용과 타인자본 비용의 개념 정도는 알아 두어야 한다는 뜻이다. 다시 말해 기업이 어떤 사안에 대해 투자하는 자본비용이 어떻게 계산되는지를 이해하는 것은 매우 중요하다. 국가나 지방자치단체가 공항, 항만, 도로 등의 공공시설물을 건설하면서 투자자본비용을 잘못 예측하여 부실사업이라는 결과를 낳고 결국 국고나 지방재정을 어렵게 한다는 보도에서 정확한 자본비용 계산의 중요성을 다시 한 번 확인할 수 있다.

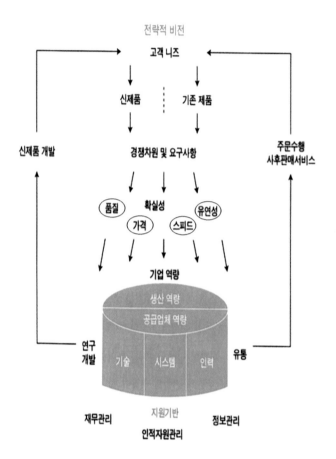

고객 니즈에서 주문 수행까지 생산–운영 프레임 워크를 그림으로 나타낸 것이다.1 이 책에서 별도 제목으로 언급하고 있는 재무관리, 인적자원관리, 전략적 비전 등과 같은 용어를 제외하고는 한 번쯤 고민해 봐야 하는 세부적인 항목이라고 하겠다. 특히 생산–운영 프로세스에서 품질·가격·스피드·유연성은 타사와의 경쟁 차원에서 매우 중요한 요소이다.

11

생산-운영
프로세스를
잘 살펴보라

삼성라이온스가 한국시리즈에서 2011년과 2012년 연속 패권을 차지하고 난 후, 류중일 감독이 "나는 큰 그림을 그리고 세부적인 것은 선수들이 알아서 하도록 자율에 맡겼다."는 인터뷰 내용을 스포츠 신문에서 본 적이 있다. 과연 그럴까? 정말 류 감독은 전략적인 측면만 고려하고 선수의 몸 상태나 경기력에 영향을 미치는 여러 가지 요소들은 무시하고 선수단을 꾸려 나갔다는 것인가? 나는 절대 아니라고 생각한다. 류 감독은 인터뷰용 언어를 구사하였을 뿐이다. 나는 류 감독의 대답이 수능성적 전국 1등인 학생의 인터뷰에 나오는 "학교수업에 충실하고 교과서 중심으로 열심히 공부했다."는 말과 같다고 본다.

일반적으로 기업 경영자를 전략적인 차원의 생각과 거시적인 구조만을 그리는 사람으로 생각한다. 물론 그럴 수도 있다. 그러나 근본적인 것을 제대로 알아야 이러한 차원의 전략도 있고 해당 업종에 대한 창의적인 발상도 생긴다. 수학공부에서 덧셈, 뺄셈, 곱셈, 나눗셈, 인수분해 등 기초가 튼튼해야 미적분에서도 해답을 내기 쉽다는 것과 일맥상통한다. 이러한 점에서 CEO는 세밀한 부분까지 알고 있어야 하며, 이러한 내용을 등한시할 경우 의사결정이 어려운 경우가 자주 발생한다. 이를 극복하기 위해서는 해당 기업의 생산-운영 프로세스를 좀 더 자세히 알 필요가 있다. 경영에는 항상 패러독스한 측면이 있다는 것을 방증하는 대목이다.

생산-운영 프로세스는 기업운영의 적시성과도 관계된다. 한 타임 먼저 움직여야 할지, 아니면 한 타임 늦추어야 할지는 돌아가는 상황을 모르고는 대처하기 어렵다. 포레카와 같은 광고산업의 경우를 보자. 광고산업은 수주산업이다. 수주산업이 일반 제조업과 다른 것은 주문을 받아야 제조가 가능하다는 점이다. 계획생산을 해서 시장에 내놓는 푸시 전략을 채택하지 못한다는 점에서 제조업과 차이가 있다. 자동차산업은 주문생산에 의한 판매도 있지만, 미리 완성차를 만들어 놓고 판매하는 경우도 많다. 그런 점에서 수주산업은 내년도 먹을거리를 올해 장만해 놓아야 한다. 올해 성과가 좋았다면 지난해 수주활동을 잘한 것이고, 올해 매출이나 영업이익 등에서 성과가 좋지 않다면 전년도에 수주활동을 게을리 한 것이다. 이러한 운영 프로세스의 순환 메커니즘도 제대로 아는 것이 매우 중요하며, 그래야 중기 전략을 제대로 세울 수 있다.

골프장에 눈이 오면 며칠간 영업을 중단해야 한다. 경기 진행이 어렵기 때문이다. 이런 경우에 고객들은 세 부류로 나뉘는 편이다. 첫째 부류는 전화로 기상 관련 경기 진행 가능 여부를 묻는다. 둘째 부류는 일단 골프장 클럽하우스까지 와서 상황을 보고 경기를 할지 말지를 결정한다. 셋째 부류는 골프 마니아로서 웬만한 기상조건이라도 경기를 진행한다. 셋째 부류에 해당하는 고객은 날씨와 상관없는 열혈 고객이기에 이런 분들의 의견은 극단적으로 우호적이다. 눈이 오던 어느 날, 나는 내장객이 줄어 매출액을 걱정하며 다른 방도를 고민하고 있는데, 누가 내 방에 들어와서는 다음과 같이 보고를 한다.

"사장님, 운동 중인 고객분들에게 물어보니 현재 승주CC 코스 상태가 좋다고 합니다 걱정하지 마십시오."

나는 이런 보고를 하는 사람들, 더군다나 간부나 임원을 보면 이해가 되지 않아 한마디 일러 준다.

"우리가 말려도 본인들이 원해서 운동 중인 고객이 코스에 대해 무슨 불만을 이야기하겠는가? 우리 직원들 듣기 좋으라고 하는 소리인데, 그것이 눈으로 인해 입장객이 줄어들어 매출 걱정을 하는 나에게 할 보고인지 정말 답답하다."

이같이 듣기 괜찮은 보고가 예상 밖으로 많기 때문에 프로세스를 정확하게 파악하지 못하면 문제의 핵심도 파악하지 못해 그냥 지나치거나 다른 처방을 내려 시간과 비용을 엉뚱한 곳에 낭비하는 경우가 발생한다. 그래서 질문에 질문을 거듭할 필요가 있다. 일선 관리자로 근무할 때 모 임원께서 내가 모른다고 할 때까지 질문하던 것을 지금도 기억한다. 그분께서는 나를 테스트하려 했다기보다 더 세부적인 내용을 파악하려고 질문을 계속했던 것이다.

제조업이든 서비스업이든 해당 업종의 생산-운영 프로세스를 정확히 모르면 사실 경영을 한다는 게 쉽지 않다. 그래서 업종이 다른 분야에 가면, 그 업종의 근본적인 생산 프로세스와 운영 프로세스를 우선적으로 파악해야 한다. 이것이 해당 조직을 잘 파악하고 조직을 빠르게 장악하는 계기가 된다는 점을 알아야 한다. 내가 모르면 조직 내에서 소위 전문가라고 자칭하는 장기 보직자들끼리 그들이 일하기 좋은 방식으로 회사의 모든 프로세스를 운영한 뒤 문제가 발생하면 그때서야 나에게 보고를 한다. 다음은 내가 CEO가 되고 나서 약 3년 동안 고민스러웠던 생산-운영 프로세스 항목 중 나름대로 중요하다고 생각하는 몇 가지다.

먼저, 생산-운영 관리는 모든 경영자와 관리자의 중요 임무임을 알아야 한다. 빠르고, 효율적으로, 좋은 품질에, 낮은 원가로 제품이나 서비스를 제공하기 위해서는 어떻게 해야 하는가가 생산-운영 관리에서 중요한 점이다. 볼빅의 경우, 고무와 코르크 등 자재를 공급받아 일련의 프로세스를 거쳐 골프공을 제조하는 생산과정과 이 공을 유통시켜 고객에게 판매하는 운영과정을 거쳐 이익을 창출한다. 생산-운영 관리를 잘하는 기업만이 시장 내에 존재할 이유가 있다고 본다. 기업이익의 가장 큰 원천은 생산-운영 관리에서 찾을 수 있다. 근자에 인터넷 쇼핑몰 등장 등으로 시장 생성구도가 바뀌어 가는 추세를 착각하여 생산현장이 있는 곳을 굴뚝산업으로 치부하고 이를 관리하는 데 소홀한 경우가 많다. 앞서 언급한 바 있지만, 경영자는 현장에서 생각을 해야지, 생산현장에서 그 마음이 떠나서는 절대 안 된다. 처음 CEO가 되면 현장 친화형으로 일을 한다. 그러다가 회사나 조직이 어느 정도 안정되면 현장 방문횟수가 점차 줄어들고 바쁘다는 핑계로 생산과 관련한 사항은 보고에 의존하게 된다. 이런 기간이 오래 지속되면 그 회사는 특별진단을 한번 받아 보아야 하는 상황에 놓일 가능성이 크다는 점을 명심해야 한다.

둘째, 총량 운영관리 측면에서 한 회사의 주요 지표인 매출액과 영업이익에 영향을 주는 변수를 잘 관리해야 한다. 기업의 성장성이나 미래지향적인 측면을 나타내는 주요 지표가 매출액이다. 전년 대비 올해의 매출이 같아도 좋은 것은 아니다. 최소한의 차이라노 전년도 매출보다 항상 높아야 한다. 모든 기업의 경영분석에서 매출 하향세인 기업을 미래지향적이라고 보지는 않는다. 여기서 유의해야 할 것이 있다. 골프장 입장객이 줄면 인근 골프장 대비 가격인하 건의가 올라온다. 나는 노력이나 경쟁을 하지 않고 가격할인 등 편안하게 매출을 올리려는 방안은 장기적으로 기업을 망하게 한다고 본다. 가격인하 정책은 주변 경쟁업체 간에 소모적인 과열 경쟁을 부추겨 종국적으로는 모두 피해를 보고, 한번 싼 맛을 들인 고객들에게는 가격 저항심리가 생겨 다시 고가의 제품이나 서비스를 팔기 어렵다는 것이다. 영업이익은 기업의 고유 활동으로 얼마를 벌 수 있는지를 나타내는 주요 지표이자 동종업종의 경쟁력과 대비해 보는 지표이다. 영업이익을 많이 내기 위해서는 매출이 줄면 원가절감을 추진해야 한다는 당연한 공식이 나온다. 그래서 이 두 지표에 영향을 미치는 변수들을 잘 통제하여야 한다.

셋째, 재고관리가 중요하다는 것을 인식하고 현장창고에 자주 가 보아야 한다. 경영학, 경제학, 행정학 혹은 일반상식 관련 책을 보면 제일 뒷면 찾아보기난에 '경제적 주문량(EOQ) 모델'이 반드시 나온다. 그렇듯 재고관리는 들어본 듯하고 잘 아는 듯한 용어지만, 실제 상황에서 흔한 개념만큼 제대로 관리되는지 의문을 가져봄 직하다. 한마디로 재고는 유지비용을 고려해야 한다. 골프장 클럽하우스를 운영하면서 식품과 관련된 재고를 줄이려고 많은 노력을 했다. 식품은 쉬 변할 수 있기에 진부화에 따른 비용이 발생하고 장기 보관을 위해서는 냉동설비 가동비용이 많이 들고, 오래된 부식의 경우 제 맛을 내기 어려워 철저한 재고관리가 요구되는 분야다. 그래서 주기적으로 냉동창고를 열어 보고 여러 가지를

2012년 12월 21일 포스코 계열사 사장단회의 시 재고 최소화 추진과 관련한 정준양 회장님 말씀.

확인하여 재고관리에 경각심을 가지도록 한 바 있다. 아무래도 CEO가 방문하면 더 신경을 쓰는 게 조직의 원리 아니겠는가.

넷째, 물류관리에 많은 비용이 든다는 사실을 아는 사람은 의외로 적다. 생산된 제품 또는 서비스를 공급하거나 원재료를 공급받기 위해서는 물자운반에 많은 비용을 지불하는데, 일부는 이러한 비용이 물품값에 포함되기에 간과하는 경우가 있다. 예를 들어, 우리가 집에서 프라이드치킨을 주문한다면 배달원의 인건비, 오토바이 감가상각비, 휘발유값 등이 이미 프라이드치킨값에 배분되어 있다고 보면 된다. 이러한 비용을 구분해 명시하면 10% 정도가 물류비용이라고 할 수 있다. 미국도 9% 내외가 물류비용으로 분류되는 등 선진국 대부분이 이 정도의 비용을 지불한다. 그만큼 물류산업은 거대하고 발전 가능성이 많은 분야이지만, 사람들은 산업의 중요 분야로 생각하지 않고 간과하는 경향이 있다. 현재도 주요 기업의 물류분야 종사자들은 자신이 전략, 투자, 재무, 인사, 구매 등과 비교해 핵심 분야에서 다소 거리가 있는 것으로 생각한다. 하지만 경영자 입장에서는 물류분야의 중요성이 경쟁력에 영향을 미친다는 사실을 알고 잘 관리해야 한다. 사소한 예시이지만, 더랑 구매안 유지를 화장실별로 순환 공급하면 원스톱으로 진행되는데, 재고관리를 한다며 한 곳에 납품을 받아 적치한 후 수불대장을 쓰고 다시 배분한다면, 휴지값보다 인건비가 더 들 수 있다.

다섯째, 핵심 기술을 근간으로 하는 새로운 제품과 서비스 개발에 관심을 가져야 한다. 기업의 지속적 경쟁력의 원천이자 이익의 근원은 바로 이러한 핵심 기술이기에 이를 잘 관리하고 상품화 가능한 곳에 R&D 비용을 지속적으로 투입해야 한다는 것이다. 전문경영인을 단기업적으로 평가하는 기업의 특성상 당대에 업적을 남기기 위해 장기적인 R&D 비용을 투자하는 결정은 쉬운 일이 아니다. 그러나 지속가능한 경영과 기업의 존속을 위해 CEO는 이러한 부담에 겁을 내서는 안 된다. 아울러 생산에 있어 주력적이고 핵심적인 기술이나 연구자료, 그리고 해당 인력도 잘 관리해야 한다. 골프장의 경우 향후 10년은 공급과잉으로 인하여 혹독한 시련을 겪을 것으로 예상된다. 승주CC 인근에 5개 골프장이 있었는데, 2012년에만 6개의 퍼블릭 골프장이 추가로 문을 열었다. 정말 엄청난 경쟁 상황에서 살아남기 위해서는 새로운 상품개발, 즉 순천 인근 지역은 물론 부산, 창원, 대구, 경북권 고객까지 유치하기 위해 찾아다니는 마케팅을 전개하는 등 새로운 서비스를 추구했다. 현재 운영 중인 상황을 모르면 미래에 대처하지 못한다. 손자병법에도 '상대를 알고 자기를 알면 백번 싸워도 위태롭지 않다'고 하지 않았는가. 기업의 경영환경은 토너먼트이지 프로야구처럼 오늘 져도 내일 이기면 되는 리그전이 아니라는 것이다. 패배하는 순간 이제까지의 공적은 제로가 된다. 지속적으로 1등을 유지하기 위해서는 주력 상품과 서비스에 대한 끊임없는 연구개발이 필요하다.

1. F. Robert Jacobs외 1인, 전략적운영관리, 한경사, 2009년, 34쪽

'불신 코리아' … "다른 사람 믿는다" 28%뿐

2009 사회동향 "결혼 꼭 해야" 10년새 6%p ↓

우리나라 사람들의 '사회적 불신' 정도가 다른 선진국보다 훨씬 심한 것으로 나타났다. 또 결혼의 당위성에 대한 가치관도 점점 더 약화되는 추세다.

통계청은 21일 우리나라의 사회상을 통계적으로 보여 주는 이런 내용의 '한국의 사회동향 2009' 보고서를 발표했다.

보고서에 따르면 우리나라 사람들의 다른 사람에 대한 신뢰도는 28.2%였다. "대부분의 사람을 신뢰할 수 있는가"라는 질문에 긍정적으로 답한 사람이 4명 중 1명을 겨우 넘었다는 얘기다.

반면 스웨덴(68%) 핀란드(59%) 호주(46%) 미국·일본(39%) 독일(37%) 등은 우리나라보다 월등히 높았다. 그만큼 우리사회의 사회적 불신 정도가 다른 나라보다 심하다는 얘기다.

결혼에 대한 가치관도 바뀌고 있다. 결혼은 '해야 한다'는 응답은 1998년 73.9%에서 지난해 68.0%로 감소했고, '해도 좋고 안 해도 좋다'는 응답은 이 기간 24.0%에서 27.7%로 늘었다. 그러다 보니 독신가구도 증가하는 추세. 1인 가구 비중은 1985년 6.9%에 불과했지만 지난해 20.1%로 급증했다.

우리나라 5가구 중 1가구는 혼자사는 '나홀로(1인) 가구'라는 얘기다. 늦은 결혼, 이혼율 증가, 독거노인 가구 증가 등이 복합적으로 작용한 결과다.

이영태기자 ytlee@hk.co.kr

신뢰와 관련한 신문기사를 스크랩하려다 잠깐 다른 일을 하는 동안 그 신문이 휴지통으로 들어가 버렸다. 다시 꺼내 펴려고 노력해도 한 번 구겨진 종이는 제대로 펴지질 않는다. 우리나라 사람들이 "대부분의 사람을 신뢰할 수 있는가?"라는 질문에 긍정적으로 답한 사람은 4명 중 1명을 겨우 넘었다고 한다. 근자에 우리 사회에 나타나고 있는 세대 간 격차, 빈부 간 격차 등 모든 격차의 체감지수는 서로를 신뢰하지 못하기 때문에 더 크게 나타나는 것 같다. (한국일보 2009년 12월 22일자)

12

조직 내
신뢰를
확보하라

'저 친구는 팥으로 메주를 쑨대도 믿을 수 있다'는 생각이 드는 사람이 있다. 이는 내가 믿고 일을 맡길 수 있다는 의미다. 즉, 신뢰한다는 뜻이다. 이러한 신뢰는 그동안 관찰해 온 행동의 일관성과 지속성에 대한 나의 평가 결과다. 신뢰가 있어야 한다는 말은 사회생활을 하기 전부터 많이 들어 왔기에 대부분 신뢰의 중요성에 대해서는 익히 알고 있을 것이다. 신뢰를 국어사전에서 찾아보면 '서로 굳게 믿고 의지함'으로 풀이되어 있다. 이것을 기업 관점에서 재해석하면 '조직구성원들이 상호간 공유하고 있는 기대 수준대로 잘 해낼 것이라고 믿고 의지하는 것'이라고 부연할 수 있다. 경영자는 '우리 구성원들이 항상 최고의 성과를 창출하기 위해 자신이 갖고 있는 모든 역량을 발휘하고 성실하게 근무할 것'이라고 생각하며 일을 맡기고, 직원들은 '우리 경영자가 확실한 비전을 갖고 공정하게 회사를 경영하고 회사와 구성원 모두를 위해 가장 좋은 선택을 할 것'이라고 생각하면서 자기의 소임을 다하여 시너지 효과를 내는 것이 신뢰라고 생각한다.

현대조직에서 신뢰는 조직의 지속적인 성장과 개발을 위해 가장 중요한 요인으로 평가되고 있으며, 다양한 영역에서 조직구성원들의 행동에 긍정적인 영향을 미침으로써 조직개발에 도움이 되는 것으로 연구되고 있다(Cook & Wall, 1980). 조직 내 신뢰는 조직시민행동 또는 직무성과 등과 같은 행동 및 성과차원의 결과에 유의한 영향을 미치며 직무만족이나 조직몰입, 그리고 이직의도, 목표에 대한 몰입 등과 같은 직무태도와도 밀접한 관련을 가지고 있다(Raynolds, 1997; Tan & Tan, 2000). 또한, 리더-구성원 간 교환관계의 질 등을 포함한 리더에 대한 관계지각에도 유의한 영향을 미치는 것으로 알려졌다(Dirks & Ferrin, 2002). 구체적으로 조직 내 신뢰는 조직구성원들의 협력행동에 긍정적인 영향을 미치며(Marshall, 1999; Pillai, Schriesheim, & Williams, 1999), 갈등과 거래비용을 줄여 조직 내 효율성을 증진시키고(Kramer, 1999), 구성원들 사이에서 교환관계의 질에 긍정적 영향을 미치는(Raynolds, 1997) 등 다양한 성과변수에 긍정적인 영향을 미친다.

순천대학교 이경근 교수의 논문 서론 부분을 스크랩한 것이다. 조직 내 신뢰는 구성원의 협력행동에 긍정적 영향을 미치며 갈등과 거래비용을 줄여 조직효율성을 증대시킨다는 연구결과들을 적시하고 있다.[1]

한 가지 예로, 승주CC에 근무하는 직원들은 태풍이 불거나 눈이 오기 시작하면 누가 비상호출을 하지 않더라도 전 직원이 새벽에 자진 출근하여 피해복구 혹은 제설 작업을 한다. 자진 출근해서 일을 하면 그것은 노동이 아니라 기쁨이 되는 것이고, 비상호출되어 일을 하면 그것은 노동이 될 수밖에 없다. 그래서 나는 경영자로서 승주CC에 근무하는 직원들이 정말 출근하고 싶은 직장이란 생각이 들도록 항시 최선의 선택을 해 주었다.

이처럼 노사 간 신뢰 있는 행동을 스스로 알아서 한다면 조직의 시너지 효과는 배가 된다고 감히 장담한다. 신뢰는 첫째, 직원의 능력과 협력을 최대한 이끌어 낸다. 리더에 대한 높은 신뢰는 구성원들의 조직 몰입도와 창의성을 제고시키고, 자발적으로 타 구성원들과 협력하려는 의사를 강화시킨다. 둘째, 변화에 대한 구성원들의 수용성을 높인다. 리더에 대한 신뢰가 높을 때 직원들은 리더가 제시하는 비전 달성을 위해 스스로 동참하고 변화를 수용한다. 셋째, 직원들의 부적절한 행동을 감소시킨다. 리더에 대한 신뢰는 직원들의 근태나 부정한 행위를 감소시켜 직원 관리 효율을 높인다. 이처럼 신뢰는 선순환 흐름을 가져와 조직의 성과를 증대시킨다.

스티븐 코비는 그의 저서 『신뢰의 속도』에서 신뢰 여부에 따라 많은 비용이 소비되거나 이익을 창출할 수 있다며 신뢰 경제학에 대해 이야기하고 있다. "신뢰수준이 내려가면 속도는 내려가고 비용은 올라간다. 9·11테러 직후 미국 내 항공여행에 대한 신뢰는 땅에 떨어졌다. 이후 항공 절차와 시스템은 보다 엄격해졌고, 항공기의 안전 및 탑승객의 신뢰는 높아졌다. 하지만 보안 강화로 인해 여행하는 데 더 많은 시간과 비용을 지불하게 되었다. 9·11 테러 전에는 항공기가 이륙하기 30분 전 공항에 도착해도 신속하게 보안검색을 통과할 수 있었다. 지금은 보안검색을 통과하기 위해 미국 내 여행인 경우에는 1시간 30분 전에, 해외여행인 경우에는 2~3시간 전 공항에 도착해야 한다. 또한 티켓을 끊을 때마다 신설된 9·11 보안세를 낸다. 신뢰가 내려가면서 속도는 느려지고 비용은 올라간 것이다. 반면 신뢰가 높아지면 속도가 빨라지고 비용은 내려간다."[2]

후진국에서 선진국으로 가는 길목에는 소위 '짝퉁'인 가짜 상품이 있다. 우리나라도 1970년대를 전후하여 가짜 상품이 유행했듯 중국도 가짜 상품이 활개를 치는 통에 중국산이라면 일단 의심부터 하다 보니 속도가 내려가서 많은 거래 비용이 발생한다. 아울러 거짓말도 많은 비용을 초래한다. 거짓말을 유지하기 위한 거짓말을 재생산해야 하는 악순환이 바로 신뢰를 저버린 데 대한 비용인 것이다.

상대방을 믿지 못하는 사람을 제대로 이끌어 간다는 것은 불가능하기 때문에 신뢰는 리더십의 본질이다. 새로 회사를 맡은 CEO에 대한 직원들의 신뢰가 없다면 CEO의 말은 건성으로 들리고 뒤에서 다른 일들을 하게 된다. 우리가 어떤 사람을 신뢰할 때, 그가 정직하고 진실 되게 행동할 것이라 가정하며, 신뢰성 있고 예측 가능하다고 한다. 아울러 그가 우리의 믿음을 이용하지 않을 것이라 생각한다. 종업원들이 리더를 믿는다면 그들의 권리와 관심사항이 매도되지 않을 것이라 확신하여 리더가 하는 일에 기꺼이 협력할 것이다. 반면 사람들은 부정직하거나 자신들을 이용할 것 같은 사람을 존경하거나 따르지는 않는다.

예를 들면, 사람들은 리더로서 존경받는 제반 특성 중 최고의 가치를 정직성에 두고 있다고 본다. 물론 과거에도 그러하였지만, 근자에 관리와 리더십의 효과성은 아랫사람의 신뢰를 얻을 수 있는 능력에 달려 있다. 이러한 이유는 오늘날 모든 산업현장의 특성과 같이 변화와 격동기의 사람들은 인간관계 가이드 라인을 바꾸고 있고, 이러한 인간관계의 질적 정도는 신뢰 수준에 따라 결정된다. 이에 더하여, 권한 위임이나 팀제 도입과 같은 현대적 관리사례가 효과적이기 위해서는 신뢰가 요구된다. 신뢰 형성을 위해 도움 되는 몇 가지를 이야기해 보자.

먼저 정직해야 한다. 경영자와 그 구성원들은 언제나 최선을 다하며, 왜곡·은폐되는 정보 없이 투명하게 정보를 공유한다는 생각이 들어야 한다. 그러기 위해서는 진실 되게 이야기해야 한다. 진실이란 통합의 본질적인 부분이다. 일단 거짓말을 한 것이 드러나면 신뢰를 얻고 유지하는 능력이 크게 감소할 것이다. 사람들은 일반적으로 자신이 듣기 싫어하는 소리를 경영자가 하더라도 참을 수는 있지만, 거짓을 이야기하는 것은 참기 어렵다고 한다.

둘째, 경영정보를 항시 공개하여야 한다. 불신은 사람들이 아는 만큼보다 모르는 만큼 갖게 된다는 것이다. 그래서 되도록 많은 정보를 알리고, 결정된 기준을 명백히 하고, 결정의 합리성을 설명하고, 문제에 대해 솔직하고, 그리고 관련된 정보를 모두 알려주라는 것이다. 회사가 어려울 때 직원들이 자발적으로 임금을 동결하는 것은 그만큼 회사에서 제공하는 정보에 신뢰가 있기 때문이다. 나는 내가 경영자로 있던 회사에서는 직원들과 인사청문회를 열어 나에 대한 모든 궁금한 정보를 주고 그들이 진실 되게 나를 대하도록 하였다.

셋째, 일관성이 있어야 한다. 상황의 변화나 유·불리에 따라 흔들리지 말고, 표명한 바와 행동을 일치시키고, 원칙을 지킨다는 생각이 구성원 전체에게 각인되어야 한다. 사람들은 예측 가능하기를 원한다. 불신은 기대치를 알지 못하는 것으로부터 나

출장 시 이해관계자들에게 관련 조치사항을 명확하게 알려주면 상호 신뢰할 수 있는 업무처리가 가능하다.

온다. 당신의 가치와 믿음으로 당신의 행동을 가이드하라. 이것이 일관성을 증대시키고 신뢰를 형성한다. 나의 경우는 내가 직접 출장 스케줄을 만들어서 관계자에게 필요한 미션을 연결한다.

넷째, 약속은 반드시 지켜야 한다. 신뢰라는 것은 약속을 어기거나 공약을 남발하면 결코 유지할 수 없다. 나는 항상 이야기하지만, 보고서 마지막의 일정계획을 적당히 작성해 오는 것을 싫어한다. 반드시 목표일정을 역산하여 본인이 정확하게 쓴 뒤 보고하기를 희망한다. 기일이 하루 지나는 순간, 신뢰는 불신으로 바뀐다. 가장 큰 문제점은 기일을 지키지 못한 것을 실패로 생각하지 않는다는 점이다. 마음가짐이 그러하다면 주위의 평가는 끝없이 추락한다. 이는 경영자도 마찬가지로, 직원들과의 대화에서 성급한 약속은 하지 않는 것만 못하다.

1. The Korean Journal of Human Resource Development Quarterly 2012, Vol.14, No.4, pp.132.
2. 스티븐 M.R. 코비, 신뢰의 속도, 김영사, 2009년, 1판 2쇄, 50~53쪽

제목 : 하늘도 열심히 일한 우리들을 돕는 것 같습니다

오락가락 비가 내리는 가운데, 미드아마추어골프협회에서 주관한 큰 행사를 잘 치러 준 여러분의 노고를 감사하게 생각합니다. 오늘 출근길에 신호대기 하던 중 도로표지판이 눈에 들어왔습니다. "도로표지판에 승주CC와 같이 자기 회사 이름이 적혀 있는 직장에 근무하는 사람이 우리나라에 몇 명이나 될까?" 이런 생각이 들자 가슴속에 뿌듯한 자부심이 생겼습니다. 이번 한 주도 장마철이 연속되기에 설비, 코스, 식품의 세 가지 안전관리에 더욱 유의해 주시길 부탁합니다. 감사합니다.

– 2012년 7월 17일 화요일 아침, 대표이사 보냄

13

스피디하게
소통하라

우리나라 직장인들의 회식 때 자주 등장하는 술안주가 상하간의 소통 문제인 듯싶다. 주변에서 듣고 있다 보면 처음의 대화 주제는 그것이 아니었으나 대부분의 근본 원인은 소통으로 귀결된다. 이 책을 읽는 독자들도 한번 자세히 생각해 보면, 소통의 부재나 잘못이 원인으로 작용하는 경우가 자주 있다는 것을 어렴풋이나마 느낄 것이다. 소통은 영어로 커뮤니케이션(communication)이라고 하는데, 이 단어는 '함께'라는 'comm'과 '하나'라는 의미의 'uni'가 합쳐져 '함께 하나가 된다'는 뜻을 가진 말이다.

1984년부터 대기업에서 직장생활을 시작한 나는 당시 상급자인 과장님이나 부장님에게 보고를 한번 하려면 많은 눈치를 보았다. 얼마나 근엄한 표정이었는지 지금 생각하면 그러한 표정 관리를 하는 것도 쉽지 않을 것 같다. 내가 근무한 회사만 그런 게 아니라 대부분의 기업이 비슷한 분위기였을 것이다. 보고받는 분이 엄숙한 표정으로 질문까지 던지면 정말 답변하기 어려운 분위기였다. 서로 간의 대화를 통해 뭔가 최선을 찾기보다 일방향의 지시와 재검토 등으로 인해 수많은 날들을 자정이 넘어서야 퇴근한 기억이 난다. 이렇듯 오래 전의 상황을 꺼내는 것은, 일방향 소통 과정에서는 엄청난 비용과 시간 손실을 가져온다는 체험을 이야기하기 위해서다. 동의보감에 '통즉불통, 불통즉통(通卽不痛, 不通卽痛)'이란 말이 있다. 통하면 병이 나지 않고, 통하지 않으면 병이 생긴다는 뜻이다. 조직도 법인(法人)이라는 인격체이기에 소통이 잘되면 일이 잘 풀리고, 소통이 안 되면 문제가 발생한다. 소통되지 않아 생긴 소소한 문제가 결국에는 불통이 되고, 불통에 따른 비용이 증가한다는 것이다.

회의를 하더라도 마찬가지였다. 회의석상에서 보고가 끝나면 토론으로 많은 의견을 모으는 쌍방향 소통을 하기보다 윗분들의 이야기를 듣는 데 많은 시간을 할애하였다. 물론 당시는 자본, 기술, 인력 모두가 부족한 상태이고, 제철소 건설과 조업을 병행해야 하는 어려운 여건이어서 일사불란한 지휘체계로 한 방향으로 나아가야 하는 시대적 사명감에 기인한 바 크다는 것을 인정한다. 이러한 일방향 소통도 시대 흐름에 따라 많이 개선되어 왔다. 개인이 가진 수많은 생각과 사고를 흡수하여 창의적으로 조직을 운영해야 하는 요즘은 이러한 과거 방식으로는 한 발짝도 내딛기 어려운 경우가 많아져서 다양한 의견을 모아야 한다. 주변의 참모 몇 명이 전체 의견을 취합해서 올리는

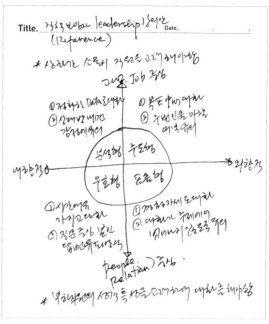

2010년 리더십 교육 강의안을 작성하면서 직원과 대화 시 유의해야 할 점을 유형별로 구분해 본 내용이다.

의견은 의도적이지는 않지만 표현방법의 차이로 인해 정확하게 전달되지 않는다. 경영자는 배 아픈 직원이 있는 경우 그 원인이 소화불량인지, 맹장염인지, 아니면 사촌이 논을 산 것인지를 알아야 정확한 처방을 내릴 수 있다.

그래서 이해 당사자와의 소통이 중요하다. 나는 처음 CEO가 되고 나서 직원들과의 소통에 많은 시간을 할애하고자 노력을 기울었다. 초기만 해도 개방된 나의 자세를 알아주지 않았지만 시간이 흐르자 점차 직원들이 동참해 주었고, 조직분위기도 좋게 개선되어 갔다. 경영자 혹은 각급 리더들은 상대방에게 정말 무엇이 중요한지 이해될 수 있도록 간단명료하게 설명해 주어야 한

다. 이때 상대방 입장의 언어로써 대화를 해 주어야 하며, 이해될 때까지 지속적으로 반복하는 게 중요하다. 한두 번 이야기해서 상대가 알아들었다고 생각하는 것은 절대적 오판이다. 세뇌한다는 생각으로 계속해서 강조해야 한다. GE의 잭 웰치 전임 회장은 "열 번 이야기하기 전까지는 한 번도 이야기한 것이 아니다. (Until you said something ten times, you haven't said it at all.)"라고 말한 바 있다. 의사소통에 있어서는 횟수가 더 중요하다는 뜻이다.

포레카라는 회사를 설립하고 가장 심혈을 기울인 것이 바로 소통이다. 특히 전 직원을 신규 채용해 조직을 새롭게 구성, 태어나서 처음 본 분들과 일을 해야 하는 입장이었으니 소통이 왜 중요한지 충분히 공감할 것이다. 당시 나는 새로운 사업과 전쟁을 하기 위해서는 개인의 전문적인 전투능력도 중요하지만 공격과 방어, 후퇴 등 일사불란한 행동을 위한 상하 간의 통신과 제대 간의 통신, 즉 상하좌우 간의 의사소통이 매우 중요하다는 생각이 들었다. 더구나 광고업의 성격상 개인이 혼자서 이룰 수 있는 일이 거의 없는 것으로 판단하였다. 15초 분량의 TV광고를 만드는 일도 종합예술인 영화를 한 편 찍는 것과 같았고, 한 편의 광고 촬영에만 50명 내지 100명이 참여하였다. 감독의 입에서 '컷'이라는 말이 자주 나온다는 것은 광고제작에 참여하는 모든 사람 간에 소통이 제대로 되지 않았다는 것을 의미한다. 상호 소통할 수 있는 사전 기획회의에서 가야 할 방향을 충분히 논의하여 정하고, 확정된 각본을 근거로 각자의 임무를 수행하고, 현장에서도 스태프들과 수시로 의견을 교환하면서 시너지 효과를 높임으로써 전체적인 작업완성도를 끌어올리는 게 광고하는 사람들의 일이기 때문이다.

조직 내부의 상하간 의사소통이 자연스럽게 이루어지는 문화를 만들기 위해 나는 1년 동안 소통과 관련하여 몇 가지 사항을 지속적으로 추진하였다. 첫째, 월요일 아침 출근과 동시에 'CEO Letter', 일명 '월요편지'를 발송하였다. 이는 일요일 오후 서너 시간 동안 한 주간의 회사 일을 뒤돌아보고, 이번 주에 할 일을 생각해 보는 내적 풍요로움을 주는 일이었다. 둘째, 매주 금요일에는 그 주의 생일자를 초청해 오찬을 함께 하면서 대화를 나누는 '금요 데이트'를 실시하였다. 금요 데이트를 통해 직원들의 신상을 더 상세히 알고 서로 간에 더 가깝게 다가갈 수 있었던 것으로 판단된다. 셋째, 한 달에 한 번씩 번개미팅 형식으로 한정된 인원과 영화, 연극, 뮤지컬, 야구경기 등을

2011년 7월 29일 저녁, 왕십리CGV의 한 관을 빌려 게릴라 미팅을 하였다. 극장 내에서 팝콘과 콜라도 즐기며 편하게 영화를 보는 색다른 추억을 만들고 서로 소통하는 시간을 가졌다. 사진에 있는 얼굴들은 지금도 그립다.

관람하고, 행사 이후에는 대화의 시간을 갖는 '게릴라 미팅'을 추진하였다.

소통은 방법도 중요하지만 스피드도 중요하다. 모든 일은 때를 놓치면 제대로 되더라도 아무 소용이 없다. 조직 내의 소통도 이슈에 따라 제대로 이루어져야 한다는 것이다. 그 당시 혹은 그 상황에 맞는 소통을 하기 위해서는 타이밍이 맞아야 한다는 이야기다. 직원들의 관심은 온통 휴가에 있는데 경영자는 휴일근무에 대해 이야기한다면 서로가 피곤한 일이다. 개그프로에서 하는 유머는 의미도 있고 재미도 있는 데 반해 우리가 그것을 써먹으려고 하면 썰렁한 설명이 될 수밖에 없는 것은 대부분 타이밍이 맞지 않기 때문이다. 스피드 있는 소통을 위해서는 주제도 주제지만 조직을 좀 더 플랫하게 가져갈 필요가 있다. 조직에서 계층이 많아지면 격식이나 예의를 갖추는 것은 물론 커뮤니케이션 채널이 많아져 혼선이 빚어진다. 즉, 의사전달 시간도 더 걸리고, 누락이나 왜곡이 발생하기 쉽다. 특히 작은 회사에서 큰 기업 수준의 계층조직을 운영하면 폼은 날지 몰라도 실효성있는 의사결정을 기대할 수 없다.

승주CC에서도 전 직원이 별도의 보고서를 작성하기보다 즉시 보고하고 의견을 교환하는 상시 보고체계를 갖추었다. 현장작업이 완료되면 스마트폰으로 찍은 사진에 간단한 주석을 달아 보고하는 것으로 종료시켰다. 그 외에도 직원들이 출근하면 전 골프장에 흩어져 근무하고 있는 터라, 가급적 대면보고보다 메일시스템, 문자메시지, 혹은 카카오톡을 활용하여 바로 의견을 표명토록 하였다. 그리고 확인할 필요가 있는 사안이면 내가 현장으로 달려가서 직접 보고 담당직원과 대화할 수 있도록 하였다. 독자분들에게 꼭 이야기하고 싶은 것은 '소통이란 상사가 부하에게 다가가는 것'이라는 말이다. 이 말은 반드시

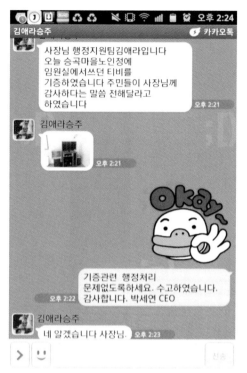

임원실 조정으로 남는 TV를 인근지역 마을 노인정에 기증하도록 하였다. 기증 작업을 완료한 직원이 카톡으로 결과보고를 한 내용을 캡처한 것이다.

명심해야 한다. 부하가 상사 방에 들어오면서 소통하고 싶다고 이야기하는 경우는 절대 없다. 전부 보고하러 왔다고 한다. 그래서 소통은 상사가 하는 것이다. 경영학의 구루로 불리는 피터 드러커가 "병목 현상은 항상 병 위쪽에 있다."고 말한 것도 같은 의미다.

한 번의 식사 자리가 '악마의 덫'이다

노트북을 열며

권석천
사회부문 차장

만약 당신이 돈 봉투 받는 데 이골이 난 사람이라면, '좀 받는 게 어때서, 그런 게 사회생활 아니야?'하고 생각한다면 굳이 이 글을 읽을 필요가 없다. 이 글은 공적인 직업 윤리와 사적인 인간관계 사이에서 고민하는 이들에게 드리는 충고이자 경고이기 때문이다.

요즘 검찰청 포토라인에 서는 공직자들이 줄을 잇는다. 능력을 인정받아온 엘리트들이다. 재계에서도 기업 내부의 부패에 대한 문책 바람이 매섭다. "일 잘하는 사람인데…" "이상한 돈 받을 사람은 아닌데…" 안타까움에 혀를 차는 소리가 무성하다. 깨끗한 처신으로 주목받던 그들이 한순간에 나락으로 떨어지는 이유는 무엇일까. 그 전락의 과정을 몇 단계로 나누어 따라가 보자.

①한 번의 식사: 지인의 소개로 문제의 인물(정체불명이란 의미에서 'X'로 부르기로 한다)과 점심이나 저녁을 함께 한다. '세상 돌아가는 걸 알아야 제대로 정책 결정(기업 경영)을 할 것 아니냐'는 마음에 나가는 자리다. X는 대개 멀쩡한 사업가 명함을 들고 있다. 스스로를 브로커라고 소개하는 법이 없다. ②교제: 한두 번 만나다 보면 술자리나 골프로 이어진다. 대가를 바라지 않는 X와의 만남이 유쾌하다. ③봉투: X가 "부담 갖지 말고 회식하실 때 쓰시라"며 봉투를 내민다. "이런 걸 왜?" 손사래를 치고 짐짓 화도 내보지만 눈먼

돈의 마력은 뿌리치기 힘들다. ④청탁: 처음엔 X도 당연히 될 일을 부탁한다. '내가 아니어도 해줄 일'이다. 죄의식이 엷어지는 사이 청탁의 덩치는 점점 커진다. ⑤만남의 끝: 엉뚱한 곳에서 수사가 시작된다. 식사 스케줄이 적힌 X의 다이어리가 검찰에 넘어간다. 끝까지 침묵을 지켜 주리라 믿었던 X가 입을 연다. 어느 날 검찰에서 소환 통보가 오고, 삶 전체가 불명예 속으로 가라앉는다.

오랜 기간 비리 사건을 수사해온 검사나 변호사들의 설명을 종합한 결과다. "결국은 한 번의 식사 자리에서 모든 게 시작된다"는 지적이다. 고법 부장판사 출신의 한 변호사는 "사람을 가려서 만나고, 자리를 골라서 앉는 분별력을 잃으면 안 된다"고 말한다. "돈만 안 받으면 될 것 아니냐"고 할 수도 있지만, 그런다고 문제가 생기지 않는 게 아니다. ①이나 ②단계에서 멈췄더라도 브로커가 "식사 자리에서 ○○○씨에게 말을 줬다"고 뒤집어씌우기도 한다. 중간에 배달 사고를 냈거나 진짜 보호해줄 사람을 위해서다. 밥 한 끼 한 것을 두고 "호형호제 관계"라며 범죄에 활용하는 경우도 적지 않다.

"인생의 마지막 뒷모습을 망쳤다. 악마의 덫에 걸려 빠져나가기 힘들 듯하다. 모두 내가 소중하게 여겨온 '만남'에서 비롯되었다."

임상규 순천대 총장(전 농림부 장관)이 남긴 유서가 가슴을 친다. 흠 하나 없이 공직자의 길을 걸었던 그로선 검찰 수사를 받는 상황 자체가 견디기 힘든 치욕이었을 것이다. 그를 죽음으로 몰고 간 '악마의 덫'은 아주 가까운 곳에 있다. 그 덫에 당신과 가족의 운명을 맡길 것인가. 오늘 점심, 저녁에 누구와 마주 앉느냐가 인생의 갈림길이 될 수도 있다.

한 번의 잘못된 식사자리가 인생의 마지막을 더럽히는 유혹의 수순을 잘 나타낸 신문기사다. 포레카라는 새 회사를 창업하고 나서 이 기사의 제목을 내 사무실에 표어로 걸어 놓은 적이 있다. 초창기 조직안정화 이전에 신설 회사의 주변에서 혹시라도 제기되는 모든 악마의 유혹에 이끌리지 않고 스스로 절제하는 자세를 견지할 수 있는 근원이 되었다.(중앙일보 2011년 6월 15일자)

14

윤리적 판단이
중요하다

"포스코 그룹의 윤리경영은 '올바른 일을 올바르게 한다'는 말로 요약할 수 있다. 여기서 '올바른 일'이란 회사의 경영목표와 임직원 개개인의 성과를 달성하는 일상의 업무를 해 나가는 과정에서 꼭 필요한 일, 의미 있고 가치 있는 일을 가리킨다. '올바르게 한다'는 것은 일을 할 때 기업윤리를 최우선의 가치로 삼고, 가장 공정하고 정당한 방법으로 추진해야 한다는 것을 뜻한다. 윤리경영의 궁극적인 목적은 전 세계의 모든 이해관계자로부터 진정한 신뢰와 존경을 받는 글로벌 초일류 기업으로 도약하고 영속하는 것이다."[1]라고 기업윤리 핸드북에 정의되어 있다. 기업평판 관리를 위한 표면적인 활동이나 임직원의 범법행위 방지보다 기업의 가치관을 제대로 가져가자는 데 큰 의미가 있다. 그러나 나는 여기서 큰 의미의 윤리도 중요하지만, 사소하여 간과하기 쉬운 윤리상의 문제가 합쳐져서 나중에는 더 큰 문제가 발생한다는 '깨진 유리창의 법칙'을 강조하고 싶다. 미국의 범죄학자인 제임스 월슨과 조지 켈링이 1982년 3월에 공동 발표한 「깨진 유리창」이라는 글에 처음으로 소개된 사회 무질서에 관한 이론이다. 깨진 유리창 하나를 방치하면, 그 지점을 중심으로 범죄가 확산되기 시작한다는 논리로, 사소한 무질서라도 방치하면 큰 문제로 이어질 가능성이 크다는 의미를 담고 있다. 윤리도 거창한 것보다 사소한 것에서 시작된다는 것을 유념해야 한다. 특히 사람을 많이 거느리는 대규모 조직의 CEO는 '가지 많은 나무 바람 잘 날 없다'는 말을 반드시 명심해야 한다.

2010년 11월 개봉된 「부당거래」라는 영화가 있다. 줄거리는 각자의 이익과 출세를 위해서 범인을 조작하고, 이 과정에서 검사(류승범)와 경찰(황정민), 건설사 깡패출신 사장(유해진) 간에 서로 약점을 잡아 이용하고, 한 번 잡은 약점을 계속 악용하다 이내 먹이사슬의 마지막 단계인 죽음이라는 파멸의 길에 이르는 과정을 풀어 나가고 있다. 이 영화의 화보 제목에서는 부당거래를 'bad deal'이라고 표현해 놓았으나, 나의 짧은 영어실력으로는 'inappropriate deal'이 더 적절한 표현이 아닌가 한다. 다시 말하면 'bad'는 '나쁘다'는 의미를 가진 단어이지만, 나쁜 거래라는 것은 절대 해서는 안 되는 것이기에 '부적절한 거래'가 오히려 죄의식을 느끼지 않고 지속적인 문제가 될 수 있다는 것이다. '한 번인데' 혹은 '이 정도야'로 시작된 부적절한 관계는 서서히 올가미가 되어 결국 자기 의지와는 관계없이 깊은 늪에 빠져들어서 스스로를 파멸시킨다는 윤리적 시사점을 제시하고 있다. 나는 일상적인 윤리교육에서 직원들에게 사소하게 생각되는 비윤리적인 것들이 모여서 나중에는 스스로를 옥죄는 올가미가 된다는 것을 강조한다.

이 글의 처음에 거론한 신문칼럼 제목과 같이 '악마의 유혹'에 이끌리지 않아야 할 부분에 대해 이야기하고자 한다. 윤리와 관련하여 고객과의 거래, 이해관계 상충, 회사자산의 보호, 정보 보호 및 공유, 직장인의 자세, 건전한 사회생활 등과 같은 항목들은 대부분 각 회사의 규정이나 지침, 핸드북에 잘 열거되어 있기에 참고하면 된다. 여기에서는 회사조직 전반을 운영하면서 내가 몇 번씩이나 고민에 빠졌던 몇 가지 사항에 대해 생각을 공유하였으면 한다.

먼저 인사 청탁과 관련한 내용이다. 특히 채용과 관련된 청탁이다. 조직을 움직이는 중요한 근원이 사람인데, 자력이 되지 않는 사람을 채용해 달라는 청탁에는 참으로 난감해진다. 대기업의 채용은 청탁을 해도 프로세스가 정해져 있기에 인적 개입이 어렵다는 사실을 알기에 청탁하는 사람이 거의 없다. 그러나 인원 규모가 작은 회사일 경우, '사장이 쓰겠다고 하면 채용되는데, 그게 뭐 어려우냐'고 하면서 특정인을 채용해 달라는 부탁이 들어온다. 나는 다소 욕을 먹더라도 자력이 되지 않는 사람을 채용해 달라는 청탁은 반드시 거절하였다. 세상살이에서 한 다리 건너면 모르는 사람이 없다. 내가 막지 않으면 회사 내에서는 막을 사람이 없다. 비즈니스는 비즈니스일 뿐이다. 다른 것과 연관시킬 필요도 없다. 자력이 부족한 사람은 채용 후 부서에 배치되더라도 적응을 못해 지속적으로 골치를 썩이게 된다. 사장은 모르지만 부서장과 동료직원들은 함량 미달의 직원을 모시고 근무해야 하는 형편이 된다. 또한 일을 하는 데 있어서도 청탁인이 일반적으로 영향을 끼치는 자리에 있는 경우가 대부분이어서 그 사람 앞에서는 제대로 대화를 나누기 어렵다는 크나큰 단점이 있다. 큰마음 먹고 거절을 잘하면 조직 안정화에 크게 기여할 수 있다는 점을 명심해야 한다.

둘째, 외주업체 운영에 대해 관심을 가지고 들여다봐야 한다. 광고회사의 광고활동은 4대 매체인 TV, 신문, 라디오, 잡지와 뉴미디어인 인터넷, 케이블TV 등을 통한 전통적 광고 방식인 'ATL(Above the Line)'과 이벤트, 전시, 스폰서십, PPL, CRM, DM, PRM 등의 활동을 하면서 미디어를 매개로 하지 않는 대면 커뮤니케이션 방식인 'BTL(Below the Line)' 두 가지로 구분된다. 최근 들어 고객들을 점차 세분하는 경향이 있다. 상당한 영향력을 지닌 주요 매체를 중심으로 다양한 고객층을 공략하는 ATL과 달리, 타깃 고객층을 세분하여 이들에게 직접 어필할 수 있는 매년 연초에 시무식이 끝나면 전 임직원이 윤리규범 준수서약을 하고 일을 시작한다.(포스코신문 2013년 1월 3일자)

커뮤니케이션 방식으로 접근하는 게 BTL이다. BTL 업무는 대개 현장이나 지방 출장 형식으로 이루어지다 보니 다수의 전문 외주 업체들이 협업으로 참여하게 되고, 이 과정에서 윤리 문제가 발생할 소지가 있다. 현재 진행 중인 협업은 물론 앞으로도 협업관계를 지속하기 위해 그들은 여러 가지 노력을 기울인다. 그러나 윤리 문제를 방지할 수 있는 것은 바로 우리 자신이기에 우리가 조직과 스스로를 보호한다는 생각에서 객관적인 관계 유지와 의사 결정을 하도록 항시 교육하고 관심을 가지고 들여다보아야 한다.

셋째, 외주업체 선정보다 더 유의할 것이 구매업체 결정이다. 나 역시도 광고 수주를 위해 몇 번 공개경쟁 입찰에 참가해 보았기에 매번 우리 회사가 광고 납품업체로 낙찰되기를 열망하였다. 그리고 정말 수주를 원하는 입찰 건은 주변의 아는 분을 통하는 등 여러 가지 방법을 동원하여 낙찰받기를 희망했다. 이처럼 구매업체 결정은 발주자가 아무리 공정하고 도덕적이라도 입찰자들이 입찰을 따내기 위해 여러 가지 방법으로 접근해 오는 경우가 많다. 수주하지 못했을 경우 매출이 줄어 회사 운영에 지장을 주는 정도라면 상대방은 악마에게 영혼을 팔아서라도 이를 성사시키려고 할 것이다. 상대가 이 정도의 각오로 나오면 미래의 일은 아무도 예측할 수 없다. 흔들릴 수 있는 리스크가 존재한다는 것이다. 내가 발주하는 입장에 있을 때, 여러 사람이 나의 신상에 대해 알려고 한다는 이야기를 들었다. 그리고 내가 수주하는 입장에서 회사를 운영할 때 어떻게든 발주자의 신상을 알아서 연결 고리로 가져가려고 하였다. 그래서 비즈니스 관계를 할 때는 최소한 자기 회사와 동급이거나 그 이상의 인격을 가진 회사를 골라야 별 탈이 없다는 것을 알아야 한다.

넷째, 원칙에 근거한 의사결정이 중요하다. 원칙과 기준이 어떠한지에 따라 조직구성원들은 거기에 적응을 한다. 원칙에 따른 의사결정은 구성원들이 어떤 일을 계획하거나 시행하는 준거 기준을 마련하는 근거가 되기에 매우 중요하다. 경영자의 임의적인 판단과 의사결정은 많은 사람이 쓸데없는 일에 눈치를 보게 하고, 소신 없이 여러 가지 대안을 가정해서 보고서를 올리게 하는 경우가 많다. 무원칙한 의사결정은 별로 중요하지 않은 일들을 중복적으로 진행함으로써 시간과 비용의 낭비를 많이 발생시킨다. 특히 대외관계 차원에서의 의사결정은 원칙준수가 절대적이다. 한 번 정도쯤으로 생각하고 대응한 무원칙한 의사결정이 나중에는 매우 불편한 진실이 될 수도 있다. CEO는 이러한 원칙을 세우기 위해서도 회사 업무를 세부적으로 파악하려고 노력해야 한다. 잘 모르는 것에 대해서는 원칙을 세울 수 없고, 임의적인 판단이 되어서 윤리적인 리스크가 발생할 수 있다. 나는 횡설수설 장황하게 이야기를 한 후, 아무 원칙이나 기준 없이 나에게 의사결정을 해 달라는 임직원들을 정말 싫어한다.

다섯째, 직업적 가치관을 올바르게 갖는 것도 윤리적 사고다. 특히 서비스업에 종사하는 임직원이 서비스를 제공하는 과정에서 고객에게 담배냄새로 불쾌감을 준다면 직업적 가치관이 제대로 정립돼 있다고 보기 어렵다. 그래서 나는 서비스업에 종사하기 위해서는 금연을 하든지, 아니면 업종을 전환하든지 본인 스스로 결정을 내려야 한다고 항시 강조한다. 이왕 화두가 되었기에 금연 이야기를 좀 더 하고자 한다. 금연도 윤리다. 자신과 가정을 돌보지 않는 것은 윤리의 기본도 지키지 않는 것과 같다고 본다. 2002년 폐암으로 유명을 달리한 코미디언 이주일 씨는 "담배, 그거 독약입니다. 흡연은 가정을 파괴합니다."라고 말한 적이 있다. 정말 담배는 독약 이상의 것일 수 있다. 독약은 먹으면 즉효가 나는 급성이지만, 담배는 즉효가 나는 것이 아니라 만성의 효과가 난다. 매일 제한된 공간과 시간 속에 생활하는 우리는 담배로 인하여 그 공간과 시간의 선택 기준이 달라진다. 식당과 호텔객실 선택, 장거리 비행, 휴식시간 활용 등 모든 것이 담배를 피우는 것으로 인하여 제약을 받는다. 내 의지대로 세상을 사는 것이 쉽지는 않지만 담배로 인하여 엄청난 제약을 받거나 눈치를 본다는 것도 이상한 일이다. 금연만 한다면 이 모든 것을 바꿀 수 있고, 상대적으로 많은 기회비용을 줄일 수 있다는 점을 강조한다.

여섯째, 사소한 욕심을 버려야 한다. 전근으로 인하여 이삿짐을 꾸릴 때마다 나는 욕심이 많다는 것을 느낀다. 집안 구석구석에서 나오는 선물받은 다수의 양주와 포도주, 수십 개의 머그잔, 자질구레한 각종 기념품들, 회사에서 받은 오래된 선물, 언젠가 한 번은 어디에 사용할 것이라는 개인 욕심에 챙긴 물건들이 여기저기서 튀어나온다. 물건이 생겼을 당시 누군가에게 주었다면 용도가 있으련만, 이제 세월이 지나 아무도 쓰려 하지 않는 구형 물건이 되어 버린 것은 모두 나의 사소한 욕심에서 비롯됐음을 매번 느낀다. 법정 스님의 『아름다운 마무리』라는 책을 보면 "누가 되었건 개인이 수용할 수 있는 것에는 한계가 있다."라는 것을 전제로 중생들에게 놓아두고 가기를 권장하였다. "때가 되면, 삶의 종점인 섣달 그믐날이 되면, 우리는 누구나 자신이 지녔던 것을 모두 놓아두고 가게 마련이다. 우리는 빈손으로 왔다가 빈손으로 가는 나그네이기 때문이다. 미리부터 이런 연습을 해 두면 떠나는 길이 훨씬 홀가분할 것이다."[2]라고 버림의 미학에 대해 설명하였다. 나는 매년 두 번 정도 내 자신이 아니라 내 자리로 인해 들어온 선물이나 기념품을 모아서 회사 발전에 기여한 직원들에게 경품행사를 통해서 나누어 준다.

마지막으로 생각해 볼 것은, CEO는 회사 운영상의 윤리적 리스크도 고려해야 하지만, 자기 자신의 윤리적 선택도 잘해야 한다는 점이다. 특히 나이가 들어 가면서 사회생활의 후반부에 해당하는 50세 이후에 잘못을 하면 평생 쌓아 온 업적이나 명성은 헛것이 될 수 있다. 젊은 시절에는 다소 잘못을 저질러도 복구할 수 있는 패자부활의 기간이 남아 있지만, 나이 들어서 잘못을 저지르면 복구할 시간이 없다. 비난을 받고 그냥 세상 속에 묻혀 버리고 만다. 톰 모리스가 쓴 『Beautiful CEO Good Company』라는 책에 「선과 비즈니스」라는 제목으로 윤리의 기준, 즉 도덕적 가치관을 생각해 보도록 하는 글이 있다.[3] "역사에 보면 위대한 유대학자 힐렐(B.C.30?~A.D.10)이 유대교의 본질이 무엇이냐는 질문을 받고 간단하게 대답했다는 기록이 있는데, 이것을 '황금률(The Golden Rule)'이라고 부른다. 황금률이란 '남들이 너희에게 해 주길 바라는 대로 남에게 행하라. 그들의 입장에서 너희가 대접받길 원하는 대로 남을 대접하라.'이다. 이것이 역사상 가장 유명한 도덕률일 것이다."

1. 포스코, 기업윤리 핸드북, 2011년, 6~7쪽
2. 법정, 아름다운 마무리, 문학의 숲, 2009년, 61~63쪽
3. 톰 모리스, Beautiful CEO Good Company, 도서출판 예문, 2002년, 260~261쪽

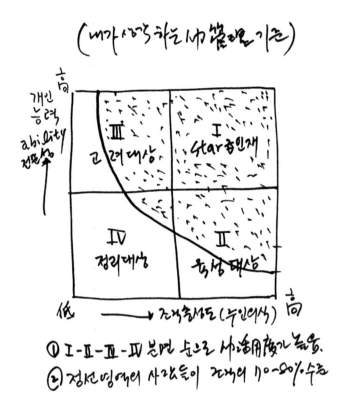

(내가 생각하는 사람쓰는 기준)

① I-II-III-IV 순서로 사람採用度가 높음.
② 점선영역의 사람들이 전체의 70~80% 수준

사람을 분별하는 요소에는 여러 가지가 있을 수 있으나, 나는 한 사람이 가지고 있는 개인적인 능력과 조직에 대한 충성도 두 가지로 구분하여 판단한다. 일사분면의 스타급 인재가 많으면 좋으나 buying은 노동시장 여건상 어렵기에 육성 가능한 인력을 스타급 인재로 making해서 활용하는 것도 좋은 방법 중 하나다. 조직의 인력이 사분면의 점 찍힌 부분 비율로 구성된다면 매우 훌륭한 조직이라 볼 수 있다.

15

인사가 만사라는 진리를 명심하라

'리더'의 일반적인 정의는 '사람에게 일을 하도록 하여 목표를 달성하는 사람'이다. 사람을 통해 일을 잘하도록 관리하는 것이 인사관리이고, 이를 줄여서 인사라 한다. 기업 운영에 있어 재무, 판매, 자재, 조업, 물류, 기술 등 여러 관리 분야가 있지만 사람 관리가 이 모든 분야를 좌우한다고 할 만큼 중요하기에 '인사가 만사'라는 말이 생겼다고 본다.

중국 서한 왕조의 황제로 즉위한 유방은 낙양 남궁에서 공신들을 위해 주연을 베풀었다. 이 자리에서 유방은 장량, 소하, 한신이라는 걸출한 세 인재, 이른바 서한삼걸을 얻었기에 천하를 차지할 수 있었다는 통찰을 내놓았고, 이 통찰은 2000년 동안 인구에 회자하는 유방의 인재론이 됐다. 통치의 제1 덕목은 인사의 공정성과 적합성이다.

"나는 장량처럼 신묘한 계책을 알지 못한다. 소하처럼 행정을 잘 살필 줄도 모른다. 전쟁에서 이기는 일에는 한신을 따르지 못한다. 그러나 나는 이 세 사람을 제대로 쓸 줄 알았다."

한고조 유방의 말이다. 일은 종국적으로 사람이 하는 것이고, 농업시대와 산업혁명시대를 지나 현대에 이르기까지 사람이 아니고서 이루어진 일은 없었다는 것이다. 그래서 사람이 중요하고, 사람을 관리하는 것이 중요하다. 기업에 필요한 인재를 확보하여 이를 제대로 육성·활용하는 일이 아주 중요하다는 것을 강조하고 싶어 널리 알려진 이야기를 중복하여 언급하였다.

기업의 CEO가 되면 사람이 참으로 귀하다는 것을 자주 느낀다. 그만큼 쓸 만한 인재를 발굴해 내기가 어렵다는 것이다. 우수한 전문인력을 채용하는 것도 그렇지만, 특히 신설회사에 필요한 경험 인력을 채용한다는 것은 더 어렵다. 그래서 CEO의 주요 고민거리 중 하나가 필요한 인재를 채용하고, 이들을 조직에 잘 적응시켜서 성과를 내는 것이다. 옳고 그른 사람을 구분하는 것도 쉽지 않고, 채용된 사람들이 능력을 최대한 발휘하도록 만드는 것도 결코 쉬운 일이 아니다. 내 입안에서 있는 듯 없는 듯하면서 제 역할을 다하는 혀처럼 조직에 본연의 소임을 다하는 사람을 둔다는 것은 정말 행운이다. 좋은 직원을 만나는 것은 경영자의 복이고, 좋은 경영자를 만나는 것은 직원들의 복인 것이다. 여하튼 지금까지 경험으로 보아 인사관리 프로세스 중 채용이 가장 중요하다고 감히 이야기한다. 특히 우리나라처럼 근로 관련 법령상 해고가 자유롭지 못한 상황에서는 한 번 채용한 인력을 경영자 마음대로 정리하지 못하는 단점이 있다. 잘못 채용한 인력은 회사나 동료들에게 부담을 주는 경우가 있기 때문이다. 그래서 채용은 중요한 과정이라고 할 수 있다.

포레카라는 신설회사를 25명으로 출발해서 1년 반 동안 수십 명을 더 채용해 70명이 근무하는 회사로 만드는 과정에 가장 중점을 둔 것이 채용이다. 포스코에서 인사관리를 오랫동안 한 경험이 있기에 적합한 사람이 아니면 일손이 부족하더라도 뽑지 않았다. 채용에서 베스트 피플(best people)을 확보하는 것은 소수의 우수한 인재가 조직을 선도해 나간다는 의미가 있지만, 보통 다수의 인력이 묵묵히 일을 해 나가는 것도 조직 전체의 입장에서는 매우 중요하다. 똑똑한 사람들이 독선적이고 다른 사람과 협업하지 않으면 조직의 성과는 결코 올라갈 수 없다. 그래서 생각한 것이 우리 조직과 기업문화에 맞는 라이트 피플(right people)의 자격을 가진 사람을 선택하는 방법이다. '롱테일의 법칙'처럼 2인자들이 다수 모여 1인자 이상의 시너지를 발휘하도록 하는 것도 채용의 또 다른 전략이라고 할 수 있다.

채용 이후에는 채용된 인력이 일을 잘할 수 있도록 만드는 것이 CEO의 인사전략이라고 하겠다. 인사관리의 목표가 무엇인가 하는 질문에 "보통사람으로 하여금 비범한 결과를 도출하게 하는 것"이라고 대답하는 분들의 의견에 나도 동감한다. 앞서 언급한 바 있지만 인사관리에는 롱테일의 법칙이 필요하다. 사실 괜찮은 사람을 채용하면 기존 직원과의 연봉 대비 시 균형이 무너지고, 기존 직원들이 저항감을 가지기 쉽고 사기도 저하된다. 그래서 일정 수준 이상의 자력을 보유한 사람들을 많이 뽑아서 적정한 인사관리를 통하여 성과를 내는 것이 인사에 있어 롱테일의 법칙이다. 여기서는 CEO로서 인사관리에 유의해야 할 몇 가지 사항을 언급하고자 한다.

첫째, 인사기능은 조직이나 CEO에 대한 직원들의 충성도가 강해지도록 만드는 것이다. 조직 충성도를 강화한다는 것은 다른 말로 주인의식이 있는 사람, 즉 모두가 CEO와 같은 사람으로 조직을 구성해야 한다는 의미이다. 원래 1인 기업일 경우에는 모든 일을 CEO가 혼자 한다. 그러다가 매출이 늘고 인원이 증가되면 조직도 임직원도 필요하게 되는 것이다. 그래서 CEO 혼자 하던 일의 권한을 위임받아서 수행하는 것이기에 인사관리의 종국적인 기능은 구성원 모두가 CEO처럼 생각하고 CEO처럼 일하도록 하는 데 있다. 마키아벨리의 『군주론』에도 이러한 내용이 있다. "군주가 한 대신의 사람됨을 평가하는 데에는 아주 확실한 방법이 있다. 만약 그가 당신의 일보다 자신의 일에 마음을 더 쓰고 그의 모든 행동이 자신의 이익을 추구하기 위해서 의도된 것이라는 점이

밝혀지면, 그는 결코 좋은 대신이 될 수 없고, 당신은 결코 그를 신뢰할 수 없을 것이다. 국가를 다스리는 사람은 절대로 자신과 자신의 일이 아니라 항상 군주에 관해서 생각하고 군주의 일에만 관심을 집중해야 한다."[1] 조직이 비대해지고 기능이 확충되면 링겔만 효과와 같이 개인 능력의 합이 전체 구성원 능력의 합이 되지 않고 이보다 작아진다. 대기업이나 정보교류가 잘 되지 않는 비대화된 조직에서는 X-비효율(X-inefficiency)이라는 조직상의 비효율이 나타나며, 특히 사무직 근로자의 구체적인 생산성 측정이 불가능하여 높은 부가비용이 발생한다.

둘째, 장점을 보는 인사를 하라. 모든 자원은 풍족할 수 없기에 제한된 자원을 가지고 최대의 효과를 내는 것이 경영원칙이다. 채용 시 신중에 신중을 기하여 인력을 충원하지만 개인의 성격, 적성, 열정 등 여러 가지 이유로 한 조직 내에서도 직원들의 우열이 가려진다. 그렇다고 열위의 인력을 모두 해고할 수 있는 형편도 아니다. 그래서 필요한 것이 사람의 장점을 잘 활용하는 방향으로 인사를 해야 한다는 것이다. 그런데 인사 결정권자와 가까운 거리에 있는 사람

· 인재관리 패러독스

제임스 R. 루카스 루먼 컨설턴트 인터내셔널 회장은 리더십을 발휘하는 데는 항시 양면적인 측면이 발생한다고 하며 이를 패러독스 리더십이라고 칭하였다. 그는 자신의 저서에서 인재관리 측면에도 상호 대립되는 다섯 가지 항목이 있음을 예시하였다.[1]

일수록 단점이 많이 기억난다. 단점이 장점을 덮어 장점이 잘 생각나지 않게 되는 것이다. 기획을 잘하지 못하는 사람은 실행부서에 배치하여 기민하게 움직이는 일을 시키는 것이 좋다. 기획이나 전략적인 보고서를 만드는 역량이 부족한 사람에게는 기간을 몇번 연장해 주어도 제대로 된 보고서가 절대 나오지 않는다. 공연히 시간과 비용만 낭비할 뿐이다. 창의성이 많은 사람을 단순 반복업무를 하는 실행부서에 배치하면 동기부여가 되지 않는다. 조직 내 구성원의 장점을 제대로 보고 인사를 하지 않으면 전체 조직이 하향 평준화되어 생산성은 하락하게 마련이다. 장점을 보는 인사가 바로 직원들의 끼를 제대로 받아들이는 인사라고 보면 되겠다.

셋째, 직원교육에 관심을 가지고 인력을 잘 육성해야 한다. 교육을 투자로 보지 않고 비용으로 생각하고 있다면 지금부터라도 이러한 생각을 바꿔야 한다. 병아리도 키워서 장닭이 되어야 쓸모가 있고, 송아지도 어느 정도 키워서 어미 소가 되어야 대외적으로 경쟁력도 있고 가치도 창출되는 것이다. 사람에 대한 교육투자의 이치도 이와 같다고 생각한다. 신설회사인 포레카도 교육에 관해서는 매우 깊은 관심을 가지고 과감하게 투자를 하였다. 국내 광고와 관련한 전문교육에 많은 직원이 참석하도록 하였고, 해외에서 개최되는 세미나에도 관련 분야 직원들을 지속적으로 보내 견문을 넓히도록 하였다. 교육에 대한 집중 투자는 직원들의 전문능력을 향상시키는 것은 물론, 동종 업계 내에서 경영자가 직원들의 교육에 상당히 관심을 가지고 있다는 좋은 평가를 받는 일석이조의 효과를 볼 수 있다. 혹자는 많은 돈을 들여 배우게

기업교육의 효과는 현업에 접목되어 즉시 나타나지 않기 때문에 지속적으로 하는 것이 중요하다. 이는 콩나물에 주기적으로 적당한 물을 주어야 좋은 콩나물이 되는 것과 동일한 이치이다.

했는데 다른 회사로 전직하면 손해이니 교육에 투자할 필요가 없다고 생각할 수도 있다. 독립운동을 해야만 애국애족하는 것이 아니다. 백년대계의 동량이 될 인재를 육성하는 데 일조한다는, 다시 말해 전체 노동시장의 파이를 키운다는 거시적인 생각을 가질 필요가 있다.

넷째, 포상은 적시에, 징계는 엄격히 시행하라. 기업 운영에 있어서 당근과 채찍이 필요하다는 것은 대부분 알고 있다. 여기서 나는 당근을 주는 타이밍과 채찍질의 아픈 정도가 중요하다고 말하고 싶다. 먼저 포상은 줄 시기를 놓치면 안 된다. 성과가 있어서 포상할 경우 성과가 난 시점에 즉시 하여야 한다. 그 시기를 놓치면 감동도 없고 부상의 의미도 적어 동기부여를 가져오지 못하고 의례적인 행사로 전락할 가능성이 높다. 또한 상을 받는 사람은

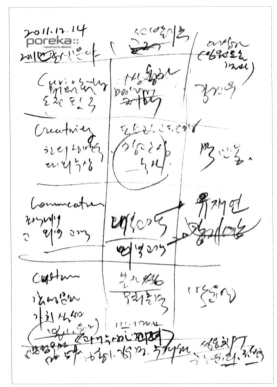

연말이 되면 한 해 동안 노력을 많이 한 직원들에 대한 포상을 추천한다. 2011년 중 포레카 4대 핵심가치 실현에 기여한 직원을 포상하기 위해 임원들과 대상자를 논의하는 과정을 메모한 것이다.

적정한 공적이 있어야 내외석으로 타당성을 인정받고 포상의 권위도 선다. 포상은 집행되기 전에 가급적 보안을 유지하여 극적 효과를 도모하는 것이 좋다. 신비성이나 궁금증이 없어지면 관심이 저하되어, 실제 상을 주어도 이미 다 아는 사실이라고 생각하기 때문에 동기부여가 되지 않는다. 이런 경우는 상을 주고도 효과를 거둘 수 없다.

기업운영에 있어서 채용과 포상 두 가지 권한은 CEO가 누구의 간섭도 받지 않고 행사하는 절대적 권한이기에 이를 잘 활용하면 조직관리에 많은 도움이 된다. 포상을 하지 않는다고 대외적으로 문제 삼는 직원은 없다. 반면에 징계는 매우 엄하게 시행해야 한다. 한 번 잘못된 일을 유야무야하면 반드시 잘못된 일이 재발한다. 승주CC에 부임한 지 얼마 되지 않아 그린에 기름 누출사고가 일어나서 잔디 일부를 보식하였다. 작업이 끝난 후 관련 책임자들을 징계처분 하였다. 부임 초기라 선처할 것이라는 소문과 달리 인사위원회를 열어 규정대로 조처한 것이었다. 그 이후로 직원들은 신상필벌이 명확하다는 이야기를 할 뿐 다른 잣대를 들이대지 않았다. 처음 와서 엄정하게 징계를 시행하여 조직기강을 바로잡듯이 CEO는 최종 징계권자로서 역할을 제대로 해야 한다.

개성상인들은 '장사는 이문을 남기는 것이 아니라 사람을 남기는 것'이라고 했다. 하루, 일주일, 한 달, 일 년이라는 기간 중에 가장 오랜 시간을 함께하는 사람은 가족도 친구도 아닌 바로 한 직장에 같이 근무하는 사람들이다. 이러한 사람들을 남기기 위해 직원을 인재로 육성하고 조직 내에 좋은 문화를 정착시키는 게 중요하다는 것을 다시 한 번 강조한다.

1. 제임스 R. 루카스, 패러독스 리더십, 코리아닷컴, 2008년, 1판 2쇄, 15쪽
2. 니콜로 마키아벨리, 군주론, 까치글방, 2008년, 3판, 153쪽

글로벌 초일류 장수 기업들의 성공 DNA 중에 세 번째로 '노사안정 없이 승리란 없다'는 말이 있다. 참으로 좋은 표현이다. 기업의 경영환경을 예측하기가 점점 어려워지고, 제품의 수명주기도 현저히 단축되고, 경쟁기업의 성장속도도 빨라지는 현재의 경영 상황은 사실상 전투나 다름없다. 이러한 시장에서 살아남기 위해서는 외부와의 끊임없는 경쟁에서 승리를 쟁취해야 하는데, 내부에서 자중지란이 일어난다면 외부와의 경쟁에서 승리하기란 쉽지 않을 것이다. 설령 승리를 하더라도 내부적으로 체력이 급격히 떨어져 장기전에 가서는 불리한 경쟁을 해야 할 수도 있다. 노사관계는 그래서 중요하다.(매일경제 2008년 7월 31일자)

16

노사관계의 중요성을
간과해서는
안 된다

나의 직장생활에서 가장 긴 경력은 조직
인사 분야에서 14년 일한 것이고, 둘째로 긴 경력은 노사관계 분
야에서 10년 동안 일한 것이다. 포스코 임금협상을 10번 정도 하
였으니 적지 않은 기간을 노사관계 분야에서 일했다고 할 수 있겠
다. 사실 조직인사 분야는 어느 정도 주도적으로 일을 하면서 전
략적인 측면을 고려할 수 있는 영역이지만, 노사관계라는 것은 일
상의 소소한 일에서부터 조직 단위별로 그리고 회사 차원에서 노
사 간에 서로 머리를 맞대고 해야 하는 일이기에 상당히 실전적인
실행 경험을 해 볼 기회가 많다. 실행이 많다는 것은 그만큼 몸을
쓸 일이 많다는 것이다. 돌이켜 생각해 보면, 1987년도 6·29선언
이후 여러 지역과 기업에서 동시다발적으로 폭증했던 노사분규를

현장에서 체험하면서 노사관계 선진화를 위해 노력했던 기억이 난다.

1980년대 후반에서 1990년대 후반까지 초기의 극렬한 노사관계 환경에서 기업 내 노사 업무를 하기 위해서는 근무시간이 특별히 정해지지 않을 만큼 복잡다단하게 전개되었다. 당시 '노래와 가무'를 줄인 말이 '노무'라고 할 정도로 시시각각 변화하는 환경에 잘 적응해야 안정적인 노사관계 구조를 유지할 수 있었다. 어떠한 노력을 기울였든 간에 10여 년 동안 노사관계 업무에 종사하면서 한 건의 파업도 없이 조업이나 생산이 진행된 점을 감안해 보면 나는 행운아가 아닌가 하는 생각을 지금도 한다. 이제 시대적 여건도 바뀌었고, 근로자들의 생각이나 일하는 방식에도 많은 변화가 있었다. 그러나 아무리 변화가 이루어져도 노사관계 관리가 중요하기에 이의 안정화를 위해 CEO나 리더 계층에서 알아 두어야 할 핵심적인 다섯 가지 사항을 실전적인 경험을 기반으로 이야기하고자 한다.

첫째, 노사관계 당사자는 누구이며, 누가 노사 안정화를 위한 노력을 기울여야 하느냐는 문제이다. 노사관계의 학제적 정의를 보면 '근로자와 사용자의 개별 또는 집단관계 및 사회와의 총체적 관계(일명 노사정 관계)'로, 이해당사자 간에 입장 차이가 발생하므로 이들 노사정 세 파트에서 각자 노력을 기울여야 한다. 그러면 다른 두 축을 제외한 노사를 담당하는 사용자 측은 누구인가

하는 것이다. 대부분 노사관계가 원만하지 못한 조직은 사장이나 대표이사를 포함한 담당 임원 등 경영 스태프를 의미하는 것으로 오해하고 있다. 이렇게 노사관계를 진행하면 문제가 된다. 노사관계의 사용자는 바로 일선 관리감독자이다. 일선에서 커뮤니케이션을 제대로 해야 한다는 것이다. 경영 스태프는 필요한 자료를 제공하여 이들과 현장 직원 간의 소통이 잘되도록 지원하면 된다.

노사관계가 잘되지 않는 조직에서는 일선 관리감독자가 항시 노무 스태프를 찾아와서 문제만 제기하고 해결할 생각은 하지 않는다. 일선 관리감독자에게는 취업규칙이 정한 근로시간 중에 노무관리, 즉 근로 지휘권이 있기에 이를 노사관계로 연결해 소속 직원들을 잘 관리해야 한다는 것이다. 이것이 노사관계의 저변 안정화를 꾀하는 것이라는 사실을 잘 알아야 한다. 노사관계가 잘되는 회사는 사장이 보너스를 많이 주어 그런 것이 아니라 일선 관리감독자들이 현장에서 단위 조직을 잘 관리하기 때문이라는 점을 알아야 한다. 이렇듯 관리감독자의 역량이 중요하므로 수시로 교육을 실시하고 정보를 공유하도록 해야 한다.

둘째, 노사관계 업무를 처음 접했을 때 '노동의 인간화'라는 측면을 항시 고려해야 한다는 대선배이신 이동춘 사장님의 충고를 지금도 기억하고 있다. 노동의 인간화를 보고서에서나 쓰는 이상주의적 표현으로 간주하는 것은 옳지 않다고 생각한다. 노동의 인간화는, 노동이라는 행위를 구체적으로 어떻게 조직하고 설계하

● 직원들의 의식은 중간관리자에 의해 좌우

그러나 이보다 더욱 흥미로운 결과는 직원들의 의식 수준은 기업의 정책보다는 직속 상사로부터 더 큰 영향을 받는다는 사실이다. 이는 경쟁력 있는 일터를 건설하는 데 중추적 역할을 하는 것이 급여나 각종 혜택·동료·카리스마적 최고경영자가 아니라 바로 중간관리자라는 사실을 암시하고 있다. 이처럼 직원들은 기업이 아니라 중간관리자 때문에 직장을 떠나기 때문에, 직원들의 이직률이 높은 기업이라면 높은 급여와 다양한 교육 기회 등의 제공에 앞서 관리자부터 살펴 보는 노력을 기울이는 것이 필요하다고 주장한다.

에 필요한 비용 역시 2억 7천만 달러나 덜 소요된다.

동일 기업 내에서도 서로 다른 사업장마다 경영 성과 측면에서 현저한 차이를 보이고 있는 것은, 최고경영자의 리더십이나 보상 수준보다 오히려 중간관리자의 관리 방식이 더욱 중요한 역할을 하고 있다는 사실을 보여 주는 결과이다. 결국 정책이나 제도 혹은 업무 프로세스가 어떻든 간에 각 매장에는 중간관리자에 따라 서로 다른 문화가 형성되고, 이와 같은 차이가 어떤 매장은 헌신적인 직원들로 가득한 데 반해 다른 매장은 불만이 높은 직원들로만 이루어진 곳으로 만들게 된다. 결국 유능한 관리자들이 부하 직원들을 헌

갤럽이 과거 25년간 수행한 연구 결과를 정리한 「First, Break All the Rules」는 직원들이 직속상사로부터 영향을 받기에 중간관리자가 기업에서 얼마나 중요한지를 보여 주고 있다.(LG주간경제, 2002년 12월 18일자)

면 근로자로 하여금 즐거움을 맛보게 할 수 있을까 하는 것이다. 그러면 절대적으로 자기가 다니는 직장에서 문제를 일으키지 않는다. 한 예로 본인이 돈을 내고 다니는 요리 강좌 등 취미를 개발하는 학원에서는 아무도 물의를 일으키지 않는다. 그저 하는 일이 즐겁고 시간 가는 줄 모른다. 회사 내에서의 동호인 활동도 마찬가지다. 자발적으로 나와서 총무의 말이나 관련 기준을 준수하려고 서로 노력한다.

노동의 인간화 도모는 직장을 이러한 분위기로 만들어 가자는 것이라 할 수 있다. 이러한 생각을 가지면 모두 사용자이지 근로자는 없는 직장이 된다. 발명가 토머스 에디슨이 "나는 평생 단 하루도 일하지 않았다. 재미있게 놀았다."라고 말했듯이 직장을 일을 했다는 생각보다는 즐거웠다는 생각이 드는 장소로 바꾼다면 이곳보다 더 좋은 곳은 없을 듯하다. 사실 조직이 작은 경우에는

용이하겠지만 조직이 크면 커뮤니케이션에 누수가 생겨 하부 조직까지 이렇게 하기가 쉽지 않다는 점을 잘 기억해야 할 것이다.

셋째, 주인의식을 가지도록 해야 한다. 사실 CEO를 제외하고 주인의식을 갖는다는 것은 쉽지 않다. 모든 근로자가 주인의식을 가지고 있다면 노사문제는 완전히 해결되고 생산성 증대, 원가절감 등 경영실적도 자동적으로 좋아질 것이다. 그만큼 주인의식이 중요하다는 것이다. 일반적으로 조직구성원들은 문제제기를 많이 한다. 이것은 이래서 안 되고 저것은 저래서 안 된다고 이유를 들면서 문제를 제기하는 경우가 흔하다. 1994년 10월에 서울에서 성수대교가 무너지는 사고가 나자 수많은 언론사 기자들이 "내 이럴 줄 알았어."라고 하면서 성수대교가 무너질 것을 모두 예견한 듯이 기사를 썼다. 사후에 이렇게 말하는 것을 심리학적으로 사후통찰(hindsight)이라고 하는데, 조직 내에서 문제제기와 사후통찰만 하는 사람들이 많을수록 그 조직은 주인의식이 희박하다고 보아야 한다.

조직에서 주인의식을 가진 사람은 항상 답을 찾으려고 노력하고, 주인의식이 희박한 사람은 항시 문제제기만 하거나 어떤 이벤트에 대해서 논평만 하는 경우가 많다. 다시 말해 문제를 해결하기보다는 의견만 많고 실행하는 경우가 거의 없기에 성과도 나지 않고, 사소한 일도 집단적인 불만으로 확대된다. 주인의식은 곧잘 렌터카에 비유된다. 렌터카를 빌려서 세차를 하는 사람은 거의 없다. 렌터카는 자기 소유의 자동차가 아니기 때문이다. 그래서 렌터카는 처음은 깨끗하나 반납할 때쯤이면 더러워진다.

호수 위에 떠 있는 오리는 아주 평온하게 보이지만, 물에 빠지지 않기 위해서 끊임없이 다리를 저어야 한다. 노사관계가 안정된 기업도 마찬가지다. 겉으로는 평온해 보이지만, 노사 관련 이해관계자들이 노사안정을 위해 밤낮으로 노력을 기울이기에 가능한 것이다. 노사안정은 그만한 노력의 대가이지 우연한 결과는 아니라 본다.

넷째, 유언비어에 잘 대처해야 한다. 근거 없는 소문은 종업원 주위를 산만하게 만드는 주된 원인이 될 수 있다. 인사 시기에는 주로 자기에게 유리한 상사가 승진하기를 바라는 유형의 소문을 내는 사람이 많다. 경영자들은 이러한 유언비어를 모니터링 할 필요가 있고, 유언비어의 근원이 되는 이슈들에 대응해야 한다. 현장에서 발생하는 유언비어는 집단 내에서 단결의 수단으로 작용한다. 소문을 공유함으로써 동류의식을 느낀다는 것이다. 유언비어 발생 상황은 △우리 모두에게 중요하고 △불확실하며 △근심을 유발하는 상태에 있을 때이다. 조직 내에서 소문이 빈번하게 발생하는 이유로는 근로조건에 이러한 세 가지 요소가 대부분 내재돼 있기 때문이다. 유언비어라는 것은 쉽게 사라지지 않는다는 사실을 명심해야 한다. 유언비어라는 것은 어떤 집단이나 조직의 의사소통에 있어 중요한 일부분이다. 경영자들은 유언비어를 통하여 종업원들이 중요하게 생각하고 있거나 근심을 유발할 것 같은 이슈들을 구체화하여 관리하는 것이 노사관계에서 매우 중요하다. 나는 현장의 소문 중 한 사람이 동일 유형을 백 번 이야기하는 것은 개인고충으로 처리하고, 백 사람이 한 가지 사실을 지속적으로 이야기하면 노사문제로 보고 즉시 이슈로 관리하고 이를 해결하기 위해 조기에 노력을 기울였다.

집단적 노사관계 일을 하다 보면 이슈와 관련되어 주의해야 할 점이 있다. 한 예로 중역회의에서 특별격려금 지급 여부를 논의하고 나면 얼마 되지 않아 현장에서는 이러한 논의 사실이 당연히 지급하는 것으로 기정사실화되어 퍼져 나간다. 그러다가 지급을 하지 않는다고 하면, 의당 받아야 할 격려금을 받지 못하는 것처럼 상당한 저항감이 발생하고 설사 지급을 한다고 하여도 당초 경영자의 의지가 희석되어 버리는 경우가 있다. 노사관계 이해 당사자 중에 중역회의에서 논의된 고급 정보를 개인의 조직관리 차원에서 "내가 이번 격려금 지급에 기여한 바 크다."고 생색을 내는 바람에 실제 CEO가 의도했던 정반대 현상이 나타나는 경우가 있다는 것이다.

다섯째, 근로조건과 복리후생에 대해서는 회사가 주도적으로 모든 것을 아우르듯이 직원보다 먼저 고민하고 제도를 개선해 나가야 한다. 세월이 지나면 어느 기업도 다해야 하는 것들은 회사가 선제적으로 검토해시 시행을 주도해 나가야 한다. 그래야 노사관계를 안정시킬 수 있다. 근로자 대표가 가져온 이슈에 국한하다 보면, 항상 근로자 대표에게 주도권을 내주고, 협상을 하더라도 한 수 뒤지고 들어간다는 것이다. 오해 소지가 있는 사항에 대해서는 회사가 주도적으로 교육자료를 만들어 이를 불식하는 과정이 필요하다. 이 과정에는 책임 있는 관리자나 가급적 직위가 높은 중역들이 직접 참여함으로써 근로자에게 신뢰를 심어 줄 필요가 있다.

그리고 근로조건과 복리후생제도를 복잡하게 운영하는 것은 지양하기 바란다. 거시적이고 큰 틀에서 제도를 합리적인 기준으로 설정해야 한다. 예를 들어 교통비에 직급별로 차등을 두면 객관성이 없다. 전철이나 버스 등 대중교통 요금의 경우 사원은 적게 받고 부장은 많이 받는 것이 아니기 때문이다. 그래서 일률적으로 주어야 한다. CEO 입장에서는 얼마를 주는지도 중요하지만, 기준이 합리적인지도 잘 생각해야 한다. 또한 고정비용이 증가하는 제도보다 일회성 제도로 운영하거나 기한을 지정해 운영해야 한다. 새로운 제도 입안 시에 간과하기 쉬운 것이 시작은 있으나 끝을 정하지 않아서 몇 년이 지나 제도를 폐기해야 할 경우 새로운 근로조건을 들어 주어야 하는 난처한 상황이 도래하기 때문이다.

노사관계 분야와 관련해서는 한 권의 책을 쓸 수 있을 정도로 이야깃거리가 많다. 다만, 노사관계를 너무 상세하게 이야기하다 보면 본말이 전도된 듯한 느낌이 드는 경우가 있다. 그래서 가장 중요하다고 생각되는 다섯 가지를 원칙론적으로 언급하였다. 이 다섯 가지만 잘하더라도 어느 정도 노사관계의 맥락을 잡을 수 있으리라 감히 말씀드린다.

두 마리 늑대 이야기

한 늙은 인디언 추장이 자기 손자에게 말했습니다.

"애야, 우리 모두의 마음 속에서 두 늑대가 싸우고 있단다.

한 마리는 '악한 늑대' 로 그놈이 가진 것은 화, 질투, 슬픔, 후회, 탐욕, 거만, 자기 동정, 죄의식, 회한, 열등감, 거짓, 자만심, 우월감 그리고 이기심 이란다.

다른 한 마리는 '좋은 늑대' 로, 그가 가진 것은 기쁨, 평안, 사랑, 소망, 인내심, 평온함, 겸손, 친절, 동정심, 아량, 진실 그리고 믿음이란다."

"어떤 늑대가 이기나요?" 손자가 묻자,

추장은 간단하게 대답했습니다.

"내가 먹이를 주는 놈이 이기지."

직원들이 어떤 마음을 먹느냐에 따라 늑대의 모습은 달라짐
평상시 교육과 피드백을 통해 '좋은 늑대' 가 되게 하는 것이
리더계층의 역할임

리더십 교육 시 평가에 대한 이야기를 하면서 피드백의 중요성을 강조한 바 있다. 리더는 반드시 피드백을 하면서 팔로어들과 목표를 공유하고, 성과를 중간 중간에 확인하는 피드백 과정을 거쳐 최종목표에 도달하도록 하는 역할을 해야 한다. 연말에 가서 왜 목표를 달성하지 못했는지를 추궁하는 리더는 평상시 아무 일도 하지 않은 애정 없는 리더이다. 내가 대입 수험생을 둔 부모 입장이라면 기말고사 한 번만을 체크하지는 않을 것이다. 매달 자녀와 함께 관심을 가지고 성적을 확인하고 대책을 의논하는 것이 바로 애정 아니겠는가?

17

성과평가와 배분의 공정성을 유지하라

공산주의가 망한 이유는 '공동생산 공동분배'를 모토로 평등사회를 추구한 데 있다고 한다. 아담 스미스가 『국부론』에서 이야기했듯 사람은 '자기이익의 극대화를 위해 행동'하기에 공동분배라는 전제하에서는 공동생산에 모든 노력을 기울이지 않고 적당히 일을 한다. 우리가 어떤 행사에 가서 애국가를 합창하면 독창할 때보다 목소리가 작아지게 된다. 내가 아니더라도 누군가 크게 부르겠거니 하는 생각에 적당히 부른다. 이는 결과에 대한 정당한 평가와 상대적 차등배분이 이루어지지 않기에 생기는 현상이다.

경제주체로서 개인의 행동이 이러할진대, 이러한 개인을 고용하여 조직을 운영하는 회사 입장에서 보면, 전 직원에게 균등한

분배를 한다는 것은 생산성을 떨어뜨리는 요인이 된다. 그래서 성과평가를 정확하게 히어 일힌 만큼 정낭한 배분을 하는 게 형평성 있다는 것이다. 이 같은 원론적인 이야기에는 모든 사람이 찬성한다. 그런데 실제 운영을 해 보면 상황이 달라진다. 성과평가에 따라 차등지급이 이루어지면 불만이 발생한다는 정서적인 요소가 작용하여 평가도 어렵고, 제도 시행도 쉽지 않다. 제도를 잘 설정해 놓고도 이를 평가하는 사람들이 제대로 운영하지 못하는 것 또한 취지를 무색케 하는 요소다.

평가에 대한 불신이 높은 이유 중 하나는 다른 사람보다 스스로를 긍정적인 관점에서 바라보는 경향이 있다는 점이다. 어느 전국적인 통계치를 보면 대부분의 기업 경영자는 다른 경영자보다 자신이 더 도덕적이라고 믿고 있다. 도덕적 직관을 연구하는 심리학자도 마찬가지로 자신이 다른 심리학자보다 더 도덕적이라고 생각한다. 미국 대입시험위원회(College Examination Board)가 고교 고학년생 82만 9000명을 대상으로 조사한 결과를 보면, 60%가 '다른 사람과 어울리는 능력'이 상위 10%에 든다고 생각하고 있다. 반면에 평균 이하라고 답한 학생은 단 한 명도 없었다. 이런 '자기복무적 편향(self-serving bias)'에 관한 재미있는 조사 결과가 있다. 1997년 「US뉴스앤월드리포트(U.S. News & World Report)」지는 미국인들을 대상으로 '누가 천국에 갈 확률이 가장 높을 것으로 생각하는가'라는 설문을 던졌다. 그 결과, 빌

클린턴은 평균 52%였고, 다이애나 왕세자비는 60%였다. 오프라 윈프리는 66%, 마더 테레사는 79%였다. 그런데 자기 자신이 천국에 갈 확률은 평균 87%라는 응답이 나왔다.[1] 이처럼 주관성 강한 성과평가와 이에 따른 배분의 공정성 유지에 대해 몇 가지 생각해 볼 점을 제시하고자 한다.

먼저 평가의 목적이 무엇인지를 잘 알아야 한다. 평가란 무엇인가에 대한 원론적인 견해는, 대상이 얼마나 가치 있는지를 따지는 활동이다. 그러나 기업의 평가는 대상 자체의 가치보다 실제 성과 창출에 얼마만큼 기여했는지가 중요한 평가 관점이 되어야 한다. 「머니 볼」이라는 영화에 "선수들의 조건에 따라 연봉을 정하는 것이 아니라 승리에 기여한 정도에 따라 돈을 주려고 한다. 선수를 사는 것이 아니라 승리를 사야 한다."는 야구단 감독의 대사가 나온다. 나는 개인의 능력이나 노력도 중요하지만 성과와 직결되었는지 여부가 성과평가의 중요한 변수임을 이야기하고자 한다. 그래야 조직의 전반적인 분위기를 고(高)성과 조직으로 전환할 수 있다. 연말이나 평가를 위한 의견교환 시간이면 항시 성과와 관계없는 온정적인 이야기가 나온다. 결국 좋은 게 좋은 것이라면서 격차가 크게 나지 않는 범위에서 적당히 평가해 달라고 요청하지만, 나는 가급적 명확하게 등급 매기기를 원한다. 그래서 평가는 '필요악'이라고 하는 것 같다.

둘째, 회사성격과 조직규모에 맞는 평가시스템을 갖추어야 한다. 평가시스템은 남의 것이 반드시 좋은 것은 아니다. 성과평가를 잘하는 기업을 벤치마킹힐 수는 있어도 그대로 복사해서 활용하는 것은 어불성설이다. 제조 혹은 서비스 등 업종 성격에 따라 평가항목도, 항목별 가중치도 달라질 것이다. 각자 회사에서 중시하는 지표를 잘 챙겨서 평가항목화 하여야 한다.

조직규모에 따라서 절차를 간단히 하는 것이 좋은지, 다단계로 하는 것이 좋은지도 별도로 판단해 보아야 할 것이다. 작은 규모의 기업에서 너무 복잡한 절차를 거쳐 평가하면 평가 자체가 아주 큰일이 되는 경우가 있어 불합리하다. 한 가지 사례를 들어 보자. 종합점수 100점 중 85점 정도 된다고 판단한 사람에 대해 모든 세부항목을 평가하여 가중치로 곱해서 합산을 하면 대충 이 점수 근처에 나오는 경우가 많아 단순하게 평가하는 방법도 그리 나쁜 것은 아니다.

셋째, 기록으로 남겨 관리가 가능하도록 만들어야 한다. 성과를 측정하기 위해서는 우선 기준이 필요하다. 여기서 기준이 되는 것은 연초에 세운 경영목표이다. 이 목표를 달성하기 위해 각 부서는 실행계획을 수립하게 된다. 이때 CEO는 관심을 가지고 들여다보아야 한다. 필요하다면 간부나 중역들과 많은 대화시간을 갖고 진정으로 실행 가능하면서도 성과창출에 기여하는 방향으로 목표를 설정해야 한다. 이렇게 하면 자연스럽게 목표를 공유하고 부서나 본부 단위별로 협업하는 과제들에 대한 역할을 분담할 수 있다. 문제는 매번 실행계획 수립 시 느끼는 것이지만 직급이 낮을수록 두

루뭉술한 표현을 쓰고, 경영자는 세부적인 계수를 가지고 이야기한다. 이처럼 주객이 전도된 느낌을 받는 경우가 많다. 사실 계획에서 정성적 표현은 양념 같은 존재이지 명확하게 무슨 일을 하겠다는 것은 아니다. 나는 최소한 부서 단위를 관리하는 목표는 반드시 숫자화하는 평가지표가 있어야 한다고 본다. 그래서 모든 혁신사업과 활동을 포함하여 반드시 KPI 인덱스로 만들어 제시토록 하고, 이를 임직원들과 공유한다. 그래야 평가 기준치인 측정자가 생기는 것이다. 이를 바탕으로 월 단위 혹은 분기 단위로 확인하고, 목표 미달 시 피드백을 하면서 같이 대책을 논의해야 한다.

넷째, 성과배분의 방법도 중요한 관점으로 생각해야 한다. 개인 성과급제를 강조하면 개인 중심으로 업무가 흘러 공동 작업에는 관심을 갖지 않아 조직 시너지가 약화되고, 집단 성과급제를 강조하면 일부 무임승차자(free rider)가 발생하는 등 개인 역량을 최대로 결집하기 어렵다. 업종의 특성과 직무에 따라 이를 잘 조정해서 배분하는 것이 현명한 방법이다. 또한 이익공유제(profit sharing)를 선진화된 방안이라고 생각하여 도입하는 기업이 많다. 이 제도는 처음 도입했을 때는 좋으나 일정 기간이 지나면 고정 상여금처럼 여겨 심리적으로 추가 배분을 기대케 하는 단점이 있다. 매년 성과급 지급 시기를 전후하여 성과급 취지를 교육하고 지속적으로 이해도 도모해야 한다. 여하튼 성과배분제를 고정화된 제도로 처음 도입할 경우 수없이 고민을 해야 하는 것은 경영자의 몫이다. 기업의 규모가 작으면 이 제도가 발목을 잡을 수도 있고, 불황기에는 이익이 나지 않아 근로자의 사기를 저하시킬 수 있다는 점을 명심해야 한다.

성과평가나 배분의 공정성을 이야기하기 위해서는 고려해야 할 점이 한 가지 있다. 조직의 성과를 극대화하는 것만이 과연 제대로 된 성과창출이냐 하는 것이다. 직무만족, 노동생활의 질, 자기성장과 같은 개인의 성과창출도 동반되어야 한다. 노사관계 측면에서 '노동의 인간화' 도모와 같은 맥락으로 보면 되겠다. 개인의 성과와 조직의 성과가 균형을 이루어야 한다. 단순히 임금을 받기 위해 출근하던 시대는 이미 지났다. 개인의 지속적인 희생으로 소기의 성과를 창출하는 데는 한계가 있고, 지속가능한 경영도 불가능하다. 하루의 대부분을 직장에서 보내고, 관련된 부가적 활동이나 사회관계가 이루어지는 근로자 입장에서는 직장생활 자체가 개인의 삶이기에 경영자는 이 부분에 관심을 가져야 한다. 한마디로 직원들이 즐겁게 일할 수 있는 분위기를 만들어 주어야 진정한 조직성과를 얻을 수 있다.

성과평가와 관련된 여러 가지 측면의 요소들을 정량화하여 표시할 수 있는 것이 캐플란과 노턴(Kaplan & Norton)의 균형성과표(BSC; Balanced Scorecard)이다. 균형성과표에서는 성과를 △재무적 관점(투자수익률, 매출액증가율, 단위당 비용 등) △고객 관점(시장점유율, 고객확보율, 고객만족도 등) △내부 프로세스 관점(불량률, 생산성 향상, 리드타임 등) △학습 및 성장 관점(이직률, 교육훈련시간, 종업원 만족지수, 특허 수, R&D 비용 등)

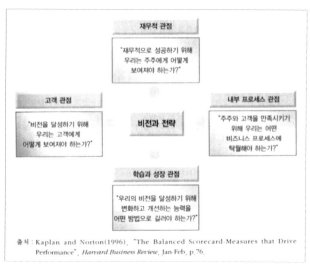

출처 : Kaplan and Norton(1996). "The Balanced Scorecard-Measures that Drive Performance". *Harvard Business Review*, Jan-Feb, p.76.

BSC 구성 요소로는 재무, 고객, 내부 프로세스, 학습과 성장이라는 네 가지 관점이 있다.[2]

네 부분으로 나누어 평가한다. 조직구성원들의 어떤 행동이 기업 목표를 달성시킬 수 있는지를 명확히 도출하기 위해 각 관점과 측정지표들 간의 인과관계를 밝히는 과정이다. 예를 들어 학습과 성장 관점에서 직원의 기량이 향상되면 내부 프로세스의 질이 높아지고, 사이클 타임이 줄어들고, 그래서 고객 관점에서 적시 배달되고, 마지막으로 재무 관점에서 투하자본 대비 수익률이 증대된다는 것이다. 나는 균형성과표에서 많은 도움을 받았다. 1990년도에 나온 이론이지만, 나름대로 연구해 보면 근본적인 구조가 우리 기업 운영과 관련이 많다는 사실을 알 수 있다.

1. 마이클 셔머, 진화경제학, 한국경제신문, 2009년, 제1판 1쇄, 153쪽
2. 조성표, 공학회계, 도서출판 청람, 2008년, 제4판 1쇄, 301쪽

안전 슬로건

우리 포스코 패밀리는

안전이
인간존중 실현을 위한
최고의 가치임을 인식하고

사랑으로
서로의 안전을 지켜주며
안전한 행동을 체질화하여

재해 없는 일터
행복한 가정을 만든다

(박수 세 번)

포스코와 관련 그룹사는 모든 회의를 하기 전에 반드시 안전슬로건을 제창하도록 하여 안전의식을 강조한다. CEO는 '안전이 인간존중의 최고 가치'라는 표현에 인식을 같이하여, 안전관리에 대해서 수백 번을 강조하고 관리를 강화하더라도 지나침이 없을 것이다.

18

안전관리,
아무리 강조해도
지나침이 없다

첫째 사례로, CEO의 집무실 서가에는
대개 많은 책이 비치되어 있다. 전시용일 수도 있고, 책을 좋아해
서 다량의 도서를 지닌 분도 있을 것이다. 나의 집무실에도 생각
보다 많은 책이 진열되어 있다. 분야별로 구분해 보면 경영전략,
마케팅 등의 경영총서와 경제, 역사, 인문, 심리, 창의력, 고전, 스
테디셀러 혹은 베스트셀러, 사내외 교육과정에서 받은 교재 등이
주류를 이룬다. 그런데 경영분야의 그 많은 책들 가운데 안전과 관
련한 책은 한 권도 없다는 것을 이 글을 쓰면서 알았다. 다시 한 번
확인해 보니 10여 년 전 사내 교육을 받은 후 가지고 온 안전 관련
교재 한 권이 책장 모서리에 놓여 있을 뿐이었다. 하기야 경영학
과에서도 생산관리나 품질관리에 대해 배우지만 안전관리에 대해

서는 교과과정이 편성된 곳을 본 적이 없는 것 같다.

둘째 사례로, 나는 동아 비즈니스리뷰라는 잡지를 2012년 말 기준으로 120호째 받아보고 있다. 격주간 형식으로 발행되는 점을 감안할 때 상당히 오랜 기간 구독하고 있는 셈이다. 경영에 관한 선진 이론과 실사구시적인 해결책 등 좋은 내용이 많아서 5년 넘게 애독하고 있다. 2011년 111호까지 게재된 내용에 대한 색인사전(내비게이터)을 만들어 독자에게 배포해서 나도 받아보았다. 전략, 인사, 재무, 회계, 마케팅, 커뮤니케이션, 의사결정, 연구개발, 운영관리, 기술, 혁신, 창의성, 경제, 인문교양, 예술디자인 등 경영에 필요한 모든 분야를 망라하고 있는 내용의 제목을 한눈에 볼 수 있었다. 그런데 아무리 찾아도 안전과 관련한 내용은 단 한 페이지도 게재된 사실이 없다는 것을 그제야 알았다.

두 사례에서 얻을 수 있는 교훈이 무엇인지 생각해 보자. 생산현장이 있는 모든 비즈니스는 안전이 매우 중요하면서도 평상시에는 이를 주요 관리항목에 포함시키지 않는 경향이 있다. 그러다가 문제가 생기면 집중조명을 받는 분야가 바로 안전이다. 안전은 대부분 사람과 관련된 것이어서 인명사고가 나면 더욱 주목의 대상이 된다. 오래 전 내가 인사관리 실무를 담당할 때의 일이다. 안전관리 부서로 전보조치를 하기 위해 상담을 하면 모두 가기를 싫어했다. 사회적으로 관심 대상 분야도 아닐 뿐더러 다른 직원에게 '하라' 혹은 '하지 말라' 하며 간섭을 해야 하고, 안전사고가 나면 책임을 저야 하는 고달픈 자리이기에 대부분 거절하는 분위기였다. 경영을 잘하기 위해서는 안전을 중요시해야 한다. 하지만 일상적인 관리항목의 우선순위에서 밀려나 있다가 사고가 발생하면 그때서야 '사후약방문' 같은 대처를 하는 경우가 아닌가 생각해 본다. 불이 나야 소방관의 존재를 귀중하게 생각하듯이 안전과 관련된 이슈가 발생해야 안전의 중요성이 강조되는 꼴이 되어서는 안 된다.

　나는 노무분야에 오래 근무해서 안전의 중요성을 누구보다도 잘 안다고 생각한다. 상대적으로 안전과 관련된 내용을 접할 기회가 자주 있어서 그럴 것이다. 우리가 인간답게 살려고 일을 하는데, 일하는 과정에서 상해가 발생하거나 인명이 손상되는 결과를 초래한다면 일을 해야 할 아무런 의미가 없다. 불안전한 행동으로 사고를 유발하는 것은 본인뿐만 아니라 동료직원의 사기 또는 기업의 생산성 저하 등 많은 이차적, 삼차적 피해를 유발한다는 것을 명심해야 한다. 그래서 작업현장을 가진 경영자는 현장의 중요성을 반드시 숙지하고 현장에서 수시로 안전활동을 챙겨야 한다. 책상머리에서는 전혀 예상하지 못했던 많은 문제가 현장에서는 일어나기 때문이다. 그런 문제들은 대개 수면 위로 올라오지 않고 수면 아래 내재되어 있는 상태에서 주변 분위기가 무르익으면 재해로 발생하거나 안전사고를 유발한다. 관리를 제대로 하는 경영자는 현장에서 벌어지는 문제를 절대 외면하거나 덮지 않는다.

　나는 승주CC의 CEO로 취임함과 동시에 현장 안전점검부터 하였다. 고객 동선은 물론 직원들의 작업환경에서 불안전한 요소들을 확인하고 이를 개선하였다. 경사가 급격한 보행도로에는 계단을 설치하였고, 오래된 안전표지는 교체하거나 가시성이 좋도록 확대 설치하였다. 코스별 미끄럼 방지를 위하여 진출입로에 깔판을 설치하고, 화재예방을 위해 코스 내에 있는 재떨이를 완전히 제기한 뒤 전체 코스를 금연구역으로 설정하였다. 기존 지하시설물과 전기시설 중 노후된 것을 교체하였으며, 작업자 안전을 위하여 안전화 등 안전보호구 지급을 확대하는 조치를 취했다.

안전과 관련, 경영자가 첫째로 기억해야 할 것은 현장에 대한 관심이다. 안전한 현장을 만들고 직원들의 안전 마인드를 고취하기 위해서는 경영자의 관심이 제일 우선해야 하는 것이다.

둘째로 생각할 것은 구조적으로 안전하게 설계되어 있어야 근본적으로 안전을 확보할 수 있다는 사실이다. 어린이 장난감을 유리로 만들면 안전하지 않다는 것은 누구라도 다 안다. 1990년도 말에 서울 광장동 사원주택을 순시하시던 포스코 정명식 회장님이 난간 모서리가 직각 구조물로 설치되어 있는 것을 보시고 "근본적인 구조가 안전해야 안전사고가 나지 않는다. 어린애들이 많은 공동주택의 난간 설계가 잘못되었다."고 지적하시면서 전부 곡선으로 교체하라고 지시하셨다. 나는 당시 회장님을 수행하면서 이 말을 들었기에 안전에 관한 주요 원칙 하나를 오래도록 기억할 수 있었다.

2011년 포레카가 여수엑스포 포스코관 건립사로 선정되어 매

사고에는 *Mulligan*이 없습니다.

승주CC 모든 카트에 부착되어 있는 안전구호이다. 골프에서 미스 샷이 발생하면 한 번 더 칠 수 있는 기회를 주는 것을 멀리건이라고 한다. 그러나 안전사고는 한번 발생하면 돌이킬 수 있는 것이 아무것도 없기에 '사고에는 멀리건이 없다'는 내용으로 안전구호를 정했다.

달 건설회의를 주관하였다. 당시 기억을 되살려 개장 후 운영 안전을 확보하기 위해서 포스코관 구조물 자체가 안전하게 지어져야 한다는 점을 수없이 강조하고, 설계 시점부터 이 점을 확인하고 또 확인한 바 있다. 수많은 인파가 몰려드는 엑스포 상설전시관에서 부실한 시설로 인하여 안전사고라도 난다면 그 책임이 막중할 뿐만 아니라 국제적인 행사에 찬물을 끼얹는 격이 될 것이라 생각되어 많은 고민을 하였다.

셋째로 중요한 것은 체계적인 투자와 룰을 지키는 교육이다. 일반적으로 중소기업이 대기업보다 재해 발생률이 높다고 한다. 대기업은 체계적으로 투자를 하고 전문부서가 주로 운영관리를 하기에 산업안전이 괜찮은 편이다. 반면 중소기업은 조직도 미흡하고 관심도 미미하여 이런 현상이 일어나는 것 같다. 그래서 경영자가 안전에 대한 투자 마인드를 가져야 하는 것이다. 안전관리도 생산성과 직결된다는 점을 알아야 한다.

2002년도에 미국 샌프란시스코에서 한 달간 체류할 기회가 있었다. 내가 숙박하는 숙소 옆 건물에 새로운 가게가 입점하려고 내부 수리 중이었다. 우리나라 같으면 5일 성노면 끝낼 공사를 1개월이 지나 내가 귀국하는 날까지도 문을 열지 못했다. 내가 보기에 이처럼 공사기간에 지대한 영향을 준 것은 안전시설물 설치와 작업자의 안전의식이었다. 보도에 설치된 안전비계를 주간에는 설치하고, 야간에는 보행자 안전을 위해 제거하는 것을 한 달간 보았다. 또한 1m 정도 높이에서 작업을 하더라도 반드시 안전벨트 고리를 걸고 작업을 했다. 우리도 안전에 관한 룰을 만드는 것에 그치지 않고 그 룰이 지켜지도록 상시 교육을 철저히 해야 한다.

경영자로서 관심을 가져야 할 넷째 내용은 바로 '하인리히 법칙'이다. 하인리히 법칙은 대형사고가 발생하기 전에 그와 관련된 수많은 경미한 사고와 징후들이 반드시 존재한다는 것을 밝힌 법칙이다. 1931년 허버트 윌리엄 하인리히(Herbert William Heinrich)는 미국 트래블러스 보험사(Travelers Insurance Company)의 엔지니어링 및 손실통제 부서에 근무하고 있었다. 업무 성격상 수많은 사고 통계를 접하던 하인리히는 산업재해 사례 분석을 통해 하나의 통계적 법칙을 발견하였다. 그것은 바로 산업재해가 발생하여 중상자가 1명 나오면 그 전에 같은 원인으로 발생한 경상자가 29명, 같은 원인으로 부상을 당할 뻔한 잠재적 부상자가 300명 있었다는 사실이다. 하인리히 법칙은 1:29:300법칙이라고도 칭하는데, 큰 재해와 작은 재해 그리고 사소한 사고의 발생 비율이

1:29:300이라는 것이다.[1]

하인리히는 큰 사고가 일어나기 전 일정 기간 동안 여러 번의 경고성 징후와 전조들이 있다는 사실을 입증하였다. 재해는 이같이 사소한 것들을 방치할 때 발생한다. 나는 직원들이 '하하' '호호' 웃지 않고 '낄낄'거리며 웃으면 뭔가 불안한 느낌이 든다. 현장작업을 하는 직원이 주머니에 손을 넣고 활기 없는 모습으로 다니면 불안하다. 감독하는 사람이 팔짱을 끼고 있으면 불안하다. 보고가 느슨해지고 나에게 인사하는 표정이 밝지 않을 때 뭔가 불안하다. 이 모든 것이 안전과 관련된 하인리히 법칙의 300개 징조라 생각한다. 아무 생각 없이 행동하는 사람이 사고를 내듯 나사 풀린 듯한 언행을 하는 직원은 반드시 다시 한 번 살펴보아야 한다.

안녕하십니까?

안전사고는 징후가 있다 했습니다.
개구리가 울면 비가오고, 매미가 울면 비가 그친다는 말이 있습니다.
우리 선조들의 오랜 경험에서 나온 이야기로 사고가 나기전에 반드시 이상 징후나 사고의 예고가 있다는 말 인듯 합니다.

불안전한 행동과 불안전한 상태를 제거하면 사회적 환경과 유전적 요소나 개인적인 성격 결함이 있어도 사고와 재해의 단계까지는 가지 않는다는 이론이 있다고 들었습니다.

사고 발생이전에 징후를 발견하고도 묵살하거나 늦장 대응이 화를 부른 예는 많이 있습니다.
우리 임직원 모두는 많은 사고와 재해는 이상 징후가 있다는 교훈을 깊이 새기고, 사전 점검이 중요하다는 진리를 명심하고, 작업지시나 업무를 처리함에 명심하도록 노력하겠습니다.

각 사무실 및 업장 조명등은 램프를 제거,타이머 설치 등 최소로 운영 해오고 있으나 다시 한번 점검하여 더 줄일 수 있도록 하겠습니다.(5/12~15)
전력비는 계속적으로 인상 되기에 관리가 중요하다는 생각입니다.
우리 회사는 전력관리가 수동적(사람이 움직여서) 관리로 한계가 있고 현대화되지 못하고 있습니다.
소비 전력이 높은 펌프,냉방기는 반드시 자동화 관리시스템이 필요하므로 장기적 관점에서 투자가 꼭 필요하다는 생각입니다.

오늘도 비가내려 매출에 악영향을 미치는것 같습니다.
위안을 삼는다면 잔디성장에는 아주 좋은 비 인듯합니다.

사장님 매일 매일이 신바람 났으면 합니다.

코스관리실 박태열 올림

태풍이 북상하니 안전에 각별히 유의하라는 메일을 발송하였더니 이에 공감한 직원이 답장을 보내왔다.

는 사람이 팔짱을 끼고 있으면 불안하다. 보고가 느슨해지고 나에게 인사하는 표정이 밝지 않을 때 뭔가 불안하다. 이 모든 것이 안전과 관련된 하인리히 법칙의 300개 징조라 생각한다. 아무 생각 없이 행동하는 사람이 사고를 내듯 나사 풀린 듯한 언행을 하는 직원은 반드시 다시 한 번 살펴보아야 한다.

1. http://terms.naver.com/entry.nhn?cid=200000000&docId=1353321&mobile&categoryId=200000127

CEO가 어떤 사안에 대해 어떻게 표현해야 하는지를 고민하다가, 상세하게 거론해야 할지 혹은 두루뭉술하게 표현해야 할지를 조직 대내외적으로 구분하여 매트릭스로 표시해 보았다. 사회과학적으로 검증해 보지는 않았으나 경험적으로 어느 정도 공감이 갈 것이다.

19

말과
회의운영에
주의를 기울이라

CEO가 조직 내에서 일상적으로 신경을 써야 할 행위 중 하나가 '말'과 '회의운영'에 관한 것이다. 일상에서 빈번히 발생하는 것이기에 아주 사소한 것으로 치부될 수 있으나, CEO의 말과 회의 진행방식은 조직에 거의 절대적인 영향을 미치기 때문에 각별히 유념해야 한다는 것이다. 대부분의 회사는 CEO의 어록을 중요시한다. 일상적인 일부터 차원 높은 전략적인 사항에 이르기까지 CEO는 이러한 의중을 대부분 서면이 아닌 말로써 표현한다. 그래서 말이 중요하다는 것이다. 나는 CEO로서 내가 하는 말이 왜 중요한지를 그 역할의 관점에서 세 가지로 구분한다.

첫째, 말이란 조직 내부에서 의사소통의 수단이다. 포레카와 같원래 기업문화는 창업자의 철학으로부터 비롯된다[Robbins, 1996 참조]. 정도의 차이는 있지만 어느 조직이든 창업단계에서는 창업자의 주도로 사업에 관한 아이디어를 발상하고, 창업요원들은 조직을 결성하며 자금을 모집하고 기업설립을 추진한다. 따라서 창업자의 경험과 퍼스낼리티 특성이 그 기업의 문화에 절대적인 영향을 미치게 된다[Schein, 1992, 228-253; Schein, 1983, 17]. 이러한 창업자의 특성이 기업구성원의 선발기준에 강한 영향을 미쳐 기업은 창업자의 철학에 동조하는 사람을 고용하게 되며, 이렇게 선발된 직원에 대해 최고경영자는 기업에서 용인되는 가치와 행동에 관한 보편적인 기업문화를 형성한다. //

서울대 신유근 교수의 서서 『인간존중경영』에서 인용한 것이다.[1] 창업자의 경험과 철학이 기업 문화에 절대적 영향을 미친다는 내용이다.

이 신설된 회사의 경우 CEO의 말은 더욱더 중요하다. 지금까지 해 오던 업무방식이 없는 상태에서 CEO가 한 번 내뱉은 말 한마디는 모든 것을 결정하는 기준이 되기 때문이다. 이러한 말들 가운데 중복되는 단어들은 소위 '경영철학'이 되고, 향후 조직문화의 근간이 되기도 한다. 그래서 경영자의 말을 불성실하게 듣거나 전달이 제대로 되지 않은 경우 기업에 여러모로 타격을 주곤 한다. 사소한 오해와 실수, 재작업, 고객불만, 매출감소 등 비용증가와 이익감소를 초래하는 근본 원인이 될 수 있다.

둘째, CEO는 조직을 대표하는 대변인으로서 외부와 소통하는 역할을 한다. 기업들이 IR활동을 하거나 PR활동을 하는 최전방에는 바로 해당 기업의 CEO가 있다. 기업의 수장은 기업의 모든 사항을 이해관계자에게 정확히 알리는 대변인 역할을 말을 통해서 한다는 것이다. 여기서 조직 대변자 역할을 하는 사람은 기업의 CEO만이 아니다. 일선 리더 계층도 이러한 생각을 가지고 각 조직의 대변자 역할을 다해야 한다. 나는 항상 내가 일하고 있는 회사의 전략방향이나 주요 과업에 대해 3분이나 30초 정도 이야기할 주제를 요약하여 머릿속에 담아 두고 있다. 우연하게 엘리베이터를 탔을 때 윗분이 "요새 어때?" 하고 질문을 한다면 "그저 그렇습니다."라고 답변하고 나서 나중에 후회하는 일이 없게끔 하기 위해서다. 중요한 이해관계자와 엘리베이터에 함께 있는 30초 동안 강한 인상을 심어 줄 IR적인 몇 가지 답변을 항시 준비해 놓는 자세가 중요하다. 이렇게 준비된 태도는 이해관계자에게 강한 자신감과 높은 신뢰성으로 나타난다.

셋째, 말이란 비즈니스, 즉 사업과 관련된 마케팅 차원의 수단이다. 구매나 공급선상에 있는 모든 이해관계자는 물론 기업운영과 관련된 다양한 사람들과 비즈니스 차원에서 말을 나누어야 한다. 어떤 경우에는 장래가 담보되지 않도록 피해 나가는 언변도 필요하고, 거절을 할 때는 과감하게 '아니오'라는 말이 나올 수 있도록 분위기를 연출해야 한다. CEO 부임 초기에 괜찮은 평을 듣겠다는 생각으로 대내외적으로 긍정적인 말을 너무 많이 하다가는 종국적으로 본인이 더 어려운 상황에 처하게 된다는 것을 명심하여야 한다. 나는 신설회사를 운영하면서 주변으로부터 일부 청탁이 들어오는 경험을 하였다. 당시 이러한 청탁이 들어오면 주로 "고민해 보겠다."라고 유보적으로 답변한다. 이후 사안을 정밀히 살펴 상대의 감정을 상하게 하지 않으면서 거절하는 정중한 말들을 많이 하였다. 부탁을 한 사람이 나에게 적대적인 감정을 갖지 않도록 하는 게 청탁을 거절하는 것보다 더 중요하다는 점을 알아야 한다.

말에 있어서 생각해야 할 또 한 가지는, CEO는 말을 절제할 필요가 있다는 점이다. 너무 장황하거나 자세하게 설명하다 보면 CEO로서 아우라가 없어진다. 말로써 강한 인상을 남기려고 할 때면 더욱 그러하다. 권위란 여러 가지 겉모습에서 나타낼 수 있는데, 말을 적게 하면 실제보다 더 힘이 있어 보인다는 의견이 많다. 침묵을 오래 유지하면 상대가 불편하여 말을 하게 되고, 상대가 나의 생각을 알아내기 위해서 말을 한다는 것이다. 말을 삼가면 중요하고 힘 있는 사람으로 비칠 뿐만 아니라, 후회할 말이나 위험한 말을 하게 될 가능성도 줄어든다. 말을 하지 않는 것이 현명하지 못한 경우도 있다. 특히 윗사람 앞에서 침묵은 의심이나 불안을 일으키기도 한다. 애매모호하게 말하면 상대는 당신이 예상치 못한 방향으로 그 뜻을 해석할 수도 있다. 그러므로 침묵과 말을 삼가는 것은 때와 장소를 가려 신중히 해야 한다.[2]

말과 관련성이 많으면서 중요한 게 회의운영이라고 전술한 바 있다. 이 책을 읽는 분들은 신입사원 시절부터 CEO에 이르기까지 정말 수많은 회의에 참석해 본 경험이 있을 것이다. 그러나 "그래, 그때 그 회의가 정말 기억나. 대단해!"라는 느낌이 드는 회의가 있었는지 질문해 보고 싶다. 아마도 잘 기억나지 않을 것이다.

대부분의 회의가 특정사안에 대한 보고, 주요 임원 혹은 직책보임자로부터 몇 가지 의견 청취 후, 의견이 수렴된 것인 양 회의를 마치기에 회의 참석자들이 진정으로 열띤 토론을 해 보는 과정이 거의 없다는 것이다. 주로 현업과 연관되거나 단기업적 중심의 실적을 낼 수 있는 주제를 가지고 이야기하다 보니 이러한 현상이 빈번하게 발생한다.

그래서 항시 회의 무용론이 나온다. 회의에 참석한 사람들이 투입된 시간 대비 역할이 없기 때문이다. 하지만 싫든 좋든 간에 어떤 조직이라도 의사소통을 위한 회의는 반드시 있다. 회의 자체를 없앨 수는 없다는 것이다. 그만큼 회의는 순기능 역할을 하는 측면이 있다. 특히 CEO로서는 전체적인 힘을 싣는 생각이나 임직원에게 개별적으로 이야기하기 어려운 사항들을 다수가 모인 회의시간에 전달함으로써 조직을 보다 잘 장악하고, 회의 프로세스를 잘 가져가는 매우 유용한 경우가 많다.

정말 필요한 회의는 여러 사업체가 협업 형식으로 한 가지 일을 할 경우다. 이때 회의의 순기능이 잘 나타난다. 포레카는 여수엑스포의 포스코관 건립과 운영에 관한 모든 것을 수주했다. 기업관 운영에 성공하려면 먼저 기업관이라는 하드웨어를 완벽하게 건설해야 하였다. 이와 함께 기업관의 콘텐츠 제작과 운영을 맡을 음향감독, 미술감독, 디자인전문가, 운영전문가, 도우미 등 여러 분야의 사람들을 확보하고 이들이 각자의 업무를 상호 유기적인 관

한국경제 2009년5월
7일

MS 회의에는 'PT'가 없다
(프레젠테이션)

자료는 미리 읽고 토론에 집중
스티브 발머 "난 인내심 없다"
기업 최고덕목은 '효율' 강조

가장 효율적인 회의는 어떤 방식으로 진행될까.

빌 게이츠에 이어 2001년부터 마이크로소프트(MS)를 이끌고 있는 스티브 발머 최고경영자(CEO)는 참석자들이 모두 논새로운 내용을 들고 와 프레젠테이션을 하고 토론하는 것은 더 이상 생산적인 회의가 아니라고 강조한다.

그는 17일자 뉴욕타임스(NYT)와 가진 인터뷰에서 "나는 인내심이 없는 만큼 회의에서 토론할 자료를 사전에 받아 이를 꼼꼼히 읽어 본 뒤 회의에서는 몇 가지 질문만 한다"고 말했다. 예전처럼 프로젝트나 슬라이드를 이용해 프레젠테이션하지 못하도록 최근 2~3년 사이 MS의 문화를 확 바꿨다고도 했다. 소프트웨어처럼 이 같은 회의 문화 버전도 업그레이드시킨 셈이다.

발머 CEO는 '조직원들로부터 최상의

것을 얻기 위해선 예의를 잘 듣는 것도 중요하지만 조직원들이 하여금 자신들의 얘기를 CEO가 경청하고 있다는 점을 확실히 느끼도록 해야 한다'고 강조했다. 이를 위해선 회의 참석자들이 안건에 집중하여 의할 수 있는 환경을 조성할 필요가 있다는 설명이다. MS의 경영 전략은 이런 과정을 통해 수립된다.

그는 회의를 포함한 기업 문화에 있어 가장 중요한 요소로 '효율성'을 꼽는다. 효율성 위주의 기업 문화를 만들어야만 무엇이 중요하고 고객의 요구에 맞춰 어떤 전략을 세울 것인지 결론을 얻을 수 있다

는 것이다. '요즘처럼 기술이 복잡해지고 고객들의 요구가 다양해지는 경영 환경에서는 효율을 중시하는 회의를 통해 경영 전략을 마련해야 경쟁력을 유지할 수 있다'고 말했다.

발머 CEO는 '위대한 기업 지도자는 '사고(thought)의 리더십'과 '사람(people)의 리더십'을 동시에 갖고 조직을 관리하고 이끌어야 한다'고 전했다. 예전에 비해 새로운 경영환경 흐름을 읽어 낼 수 있는 자도 중요해졌다고 덧붙였다.

직원의 자질로는 명석한 두뇌와 결정을 들었다. 발머 CEO는 직원을 채용할 때 면접에 했던 일 중 가장 자랑스럽게 여기는 것이 무엇인지를 꼭 물어본다. 관련 질문에 대해 자신 있게 대답한다면 그 직원은 자신의 일에 열정을 가지리라고 확신할 수 있다는 것이다.

자신의 몸을 던져 일할 수 있을 정도로 열정이 있는지 여부를 인재 채용시 가장 중요한 잣대로 삼는 것이다. MS 창업부터 빌 게이츠와 아이디어를 내는 전략가였던 스티브 발머는 그 판단을 성공으로 만든 경영인으로 평가받고 있다.

뉴욕=이익원 특파원

회의(會議)는 모여서(모을 회) 개인별로 의견(뜻 의)을 내는 것을 말한다. 마이크로소프트에서는 본래 회의의 뜻과 같은 방식으로 회의를 진행한다. 특히 토론 중심으로 회의목적에 부합하도록 운영하여 회의를 통해 성과나 효율성을 최대한 추구한다. 우리의 회의에서는 일반적으로 보고가 선행된다. 발제가 있어야 회의가 진행되는 의전적인 보고 형태로 진행되다 보니 회의준비에 시간이 많이 걸리고 실제 토론하는 시간도 짧은 편이다.(한국경제 2009년 5월 7일자)

계 속에서 원활히 수행할 수 있는 긴밀한 협조 체제를 구축해야 하였다. 기업관 건립·운영과 같이 서로 다른 분야의 전문가들이 대거 참여하는 프로젝트는 자칫하면 전체 최적화를 이룩하기 어렵다. 이럴 때 생각난 것이 월간 건설회의였다. 이 회의를 통해

다른 분야에 있는 사람들이 어떻게 일을 진행하고 있는지 상호 확인하고, 향후에 진행되는 관련 일정상 협업사항들을 파악함으로써 좀 더 효과적으로 업무 수행이 가능하도록 하였다.

일상에서 발생하는 회의는 대개 보고가 선행된다. 계열사 사장

단회의에 참석하는 경우 회장님을 기준으로 사장들이 각자 보고를 하는 입장이 된다. 여기서 실전적으로 보고의 중요성을 느낄 수 있다. 보고를 잘하는 것은 일부 타고난 능력일 수도 있다. 그러나 이러한 회의에 참석해 보면 여러 가지 느끼는 점이 많다. 특히 보고를 제대로 하지 못하면 여러 측면에서 표시가 난다. 실전회의에서 내가 느낀 점이 참조될 것 같아서 몇 가지 열거한다.

● 보고서와 별개로 시나리오를 준비해서 읽는 경우 본인은 잘하고 있는 것 같으나 듣는 사람은 현실감을 느끼기 어렵다. 시나리오를 준비하더라도 본인이 직접 작성하는 것은 모르겠으나 다른 사람이 작성한 원고를 읽는 것은 전달력이 약하다.

● 열심히 보고는 하는데 공유할 내용이 아니거나 자료에 없는 이야기를 하는 사람들이 있다. 주제에서 멀리 갔다가 다시 보고서로 돌아와서 간단히 이야기를 하는 형태는 듣는 사람의 집중력을 떨어뜨린다.

● 발음이 명확하지 못하거나, 말의 속도가 너무 빠르거나 너무 느려서 이해나 동조를 하기에 많은 인내가 요구되는 형태의 보고는 사전 연습을 통해서 부단한 교정을 해야 한다.

● 전문용어나 영어단어 중심의 보고로 참석자들이 잘 이해하기 어려운 경우가 있다. 특히 보고서에 보고자도 모르는 외국어 약자를 써 넣는 사례가 가끔 있다.

● 너무도 뻔한 상식적인 이야기를 대책인 양 이야기하는 경우

가 있다. 전문가인 척하면서 이야기하는데, 들어 보면 아무 내용도 없는 이야기로 이끼운 시간만 낭비한다. 예를 들어 원가를 줄이는 대책회의에서 '재료비, 경비, 인건비'를 줄이자는 의견을 내는 사람, 복수노조는 노사관계의 틀을 바꾸는 중요한 제도이기에 여기에 관심을 가지고 적극 대응하자는 의견은 무의미하다.

● 회의 주재자가 돌아가면서 의견을 내라고 하면, 참석자는 뭔가 한마디씩 하게 마련이다. 그렇게 의견을 내다 보면 당초 보고안이 엄청난 문제점을 내포한 듯한 인상을 받는다. 이렇게 되면 의사결정을 할 수가 없다. 광고에서는 모든 의견이 반영된 광고를 만들 수 없다. '광고의 아버지'라고 불리는 데이비드 오길비는 "사공이 많은 위원회를 상대로는 좋은 광고를 만들 수 없다."고 말했다. 특히 창의적인 의사결정이 필요한 광고나 신제품 개발 땐 더욱 그렇다.

말이나 회의운영을 어떻게 하느냐에 따라 CEO 품격이 높아지거나 낮아지는 것이기에 항시 신경을 써야 한다. 장황한 언변은 사람을 가볍게 보이게 하고, 과도한 침묵은 경영자의 의도를 잘못 해석하여 비용을 증가시킨다. 회의에 모인 대부분의 사람은 총론에는 찬성하나 각론인 참모 간, 부서 간 협조에 있어서는 항상 이견이 생기고 부문 이기주의가 발생하기에 회의의 효율성이 떨어지는 것이다. 그래서 CEO의 결단이 필요한데, CEO가 너무 결단적이면 아랫사람들이 생각을 다양하게 내지 않고 의존적이며 지시 일변도의 조직을 만든다. 펩시콜라의 전 CEO 로저 엔리코는 "가장 좋은 것은 올바른 결정이고, 다음으로 좋은 것은 잘못된 결정이며, 가장 나쁜 것은 아무 결정도 내리지 않는 것이다."라고 말했다. 올바른 결정의 바탕에는 CEO의 창의적인 판단력이 있고, CEO의 창의적인 판단은 끊임없이 현업에 대한 이해를 높이고 통찰력을 쌓아야 가능하다.

1. 신유근, 인간존중경영, 다산출판사, 2008년, 제1판 5쇄, 577쪽
2. 로버트 그린, 권력의 법칙, 웅진씽크빅, 2009년, 초판 1쇄, 498~500쪽

위부터 포레카의 매월 1회 전 직원 봉사활동, 승주CC의
다문화가족 초청행사, 순천상공회의소와의 일자리 창출
협약식 사진이다. 지역사회에서 이들과 함께하는 것이 회
사가 존재하는 또 하나의 의미이다.

20

이해관계자에게 지속적 관심을 보이라

2012년 말에 승주CC와 다른 계열사인 포스메이트 간에 회사합병이 이루어졌다. 포스메이트는 건물관리 등 서비스 전문업체로 경기도 파주 인근에 작은 골프장도 보유하고 있는데, 승주CC와 골프장 사업을 통합하여 시너지 효과를 내자는 게 합병의 취지였다. 양사의 합병에는 여러 가지 어려운 점이 동반되었다. 외형적인 통합도 중요하지만 20년간 달려해 온 두 회사의 제도나 인원을 합친다는 것에도 어려움이 있었다.

아울러 합병 과정에서 가장 중요한 것들 가운데 하나가 이해관계자에게 취지를 설명하고 이해를 구하는 것이다. 이해관계자는 외부에도 있고 내부에도 있다. 외부 이해관계자에 대해서 신문에 합병공고를 내고 이해관계자의 이의제기를 행정적으로 처리하는 법률적인 과정을 준수하지만, 실질적으로는 합병에 따른 근거 없는 부정적인 소문이니 합병취지와 다른 유인비어가 나와서는 안 된다는 생각이 들었다. 20년 전 지역사회에 근거지를 두고 골프장 사업을 시작한 회사의 성격과 지역사회에 거주하는 분들이 주 고객이라는 점을 고려하며 합병 작업을 추진해야 하였다. 그래서 시청, 방송국, 상공회의소, 경찰서, 세무서 등 이해기관 관계자, 승주CC 회원 등을 지속적으로 만나 합병취지를 설명하고 이해시키는 시간을 가졌다.

이렇듯 소통이 필요한 이유는 기업이라는 조직이 기업 단독으로 존립하기 어려운 시대적 여건에 와 있기 때문이다. 많은 이해관계자가 기업생태계에 같이 존재하기에 이러한 생태계에 잘 적응하는 것이 지속가능한 경영이 될 수 있다고 본다. 진화론에서 다윈은 "가장 적합한 것이 살아남는다.(survival of the fittest)"라고 했지 "승리한 것이 살아남는다.(survival of the winner)"라고 하지 않았다.[1] 적대적인 제로섬 게임 같은 표현으로 이런 말을 만든 사람들은 바로 경영 컨설턴트인 것 같다. 살아남기 위해 어떤 행동도 가능하다는 뜻이라면 아무것도 살아남을 수 없다. 인류에게서 가장 '적합한 것'은 다른 사람들을 이기거나 정복하거나 통제하는 것을 의미하지 않는다. 이해관계자의 가치를 동반 창출할 수 있을 때 적합한 종으로 살아남을 것이다. 기존의 이해관계자들이 투자한 것보다 더 많은 가치를 창출해야 이해관계자들의 이탈을 막을 수 있다는 생각을 해야 한다.

기업 주변의 이해관계자를 분류해 보자. 어느 기업이든 이해관계자는 대략 다섯 가지 범주로 분류되는데, 그것은 △상품이나 서비스를 구매하는 고객 △주주나 금융기관 등의 투자자 △공급사, 외주업체 등 서플라이 체인상에 있는 파트너업체 △정부, 지방자치단체, NGO 등 사회단체 △현재 함께 근무하고 있는 직원 등이다. 이제부터는 다섯 가지 범주의 이해관계자에 대해 언급하고자 한다.

먼저 자사의 상품이나 서비스를 구매하는 고객이다. 필립 코틀러 교수의 『마켓 3.0』에 '고객의 혼에 호소하라'는 내용이 나온다. 고객감동을 넘어서 이제는 고객의 영혼을 울릴 수 있는 마케팅 활동이 중요해졌음을 시사하고 있다. 가격에 근거한 마케팅보다는 가치에 근거해 고객가치를 올릴 수 있는 감성적인 접근이 필요하다. 승주CC의 '한 번 찾은 고객이 다시 찾도록 만들자'는 미션은 충성고객의 기반을 넓혀 수익을 향상시킬 수 있도록 고객의 영혼에 호소할 수 있는 방법을 모든 직원이 모색하자는 것이었다.

둘째, 주주나 채권자 등과 같은 투자자이다. 단기 업적주의와 같은 재무적인 성과보다는 장기적인 사업의 전략방향에 근거한 비전을 제시하고 이해를 구하는 것이 전략적 가치가 더 크다. 너무 단기적인 안목에 갇히고 본인 재임 시에 성과를 내겠다는 생각에 집착하여 투자기회를 상실하면 결국 장기적으로 투자자의 손실을 초래한다. 경영자는 주주와 이해관계자에게 이를 잘 설명하고 적극적인 지원을 이끌어내야 한다. 그리고 새로 관계를 맺는 채권자나 금융기관과의 관계를 잘 유지해야 한다. 그들은 종국적으로 그들의 이해득실에 따라 민감하게 움직인다는 것을 제대로 알고 있어야 한다. 뭔가 잘못되면 아무도 도와 줄 사람이 없다는 뜻이나.

셋째, 자재를 공급하거나 일의 일부를 공유해서 진행하는 파트너사들과의 관계이다. 근자에 유행처럼 이야기되는 우월적 지위를 이용한 갑의 입장이 아니라, 기업생태계에서 함께 호흡하고 공존하는 품격 있는 조화를 이루어 나가야 한다. 최근 대부분의 기업이 핵심역량에 해당하는 기능만 남기고 아웃소싱으로 일을 해 나간다. 여기서 제품이나 서비스가 제대로 공급되기를 희망한다면 반드시 '그들이 우리이고, 우리가 그들'이라는 입장을 견지하지 않으면 최종적으로 고객을 만족시킬 수 없다. 기업의 경쟁력만을 고려한다면 모든 것이 비용으로 보일 것이다. 그러나 공존하는 생태계의 장기적인 발전 측면으로 본다면 함께 동반성장을 해야 함은 물론 소통이 지속적으로 이루어져야 한다는 것이다.

넷째, 정부·지방자치단체 및 NGO 등 사회단체와의 관계이다. 어떻게 보면 대부분의 이해관계자가 여기에 속할 수 있다. 정부 등 일부 기관을 언급하였지만 대부분 각 기업이 처해 있는 지역과 관련된 모든 이해당사자를 통칭하여 '사회'라고 할 수 있다. 이 지역

사회에서 열렬하게 환영받지는 못할지언정 지탄받아서는 절대 안 된다. 지역의 고용문제나 환경문제 해결에 함께 동참하고 봉

2012년 8월 28일 승주CC 중코스 9번홀에서 승주 임직원들과 협력사 직원들이 합동으로 동반성장활동의 일환으로 그린블로잉 작업을 진행하고 있다.

사활동 등을 통하여 지역민과의 관계를 가깝게 해 놓아야 한다. 또한 유관기관이나 비공식 조직에 대한 소통의 창구를 항상 열어 놓아야 한다. 다른 이해관계자도 그러하지만 사회와 관련 있는 분야는 지속적인 관계유지가 매우 중요하다. 이를 위해 만남의 깊이인 강도보다 만남의 횟수인 빈도가 더 중요하다는 것을 알아야 한다.

마지막으로, 현재 함께 근무하고 있는 사람들과의 관계이다. 여기에서 사람이란 직원일 수도 있고 그렇지 않을 수도 있다. 이 책 제8절에서 언급한 바 있지만 골프장에서의 고객 서비스는 대부분 CEO가 아니라 경기도우미가 한다. 그래서 경기도우미에게 만족스러운 근무환경을 지원한다는 것은 이들이 고객만족으로 충성고객을 만들어 내는 결과를 가져온다는 것이다. 나는 항상 이야기하지만 '나와 함께 근무하는 직원들이 출근하고 싶고 퇴근하기 싫은 회사' 분위기를 만들기 위해 노력해 왔다. 일을 함에

있어서는 우선적으로 모범을 보이고 잘못된 것을 꾸중하기보다 재발하지 않도록 교육을 한다. 나의 직원은 내가 부재할 때 나를 대변할 존재이기에 내가 추구하는 이미지와 맞도록 내외적으로 성숙하게 만드는 것이 내가 진정으로 직원들을 사랑하는 것이라고 생각한다.

　이해관계자와의 관계유지는 경영자의 개인적인 성격이 내향적인지 아닌지와 아무런 관련이 없다. CEO가 되는 순간 숙명처럼 받아들여야 하는 일인 것이다. 경우에 따라서는 경쟁자와도 만나야 한다. 그 모든 이해관계자와 애정을 가지고 협업하고 도움을 주고받는 것이 이해관계자와의 관계유지다. 앞서 광고산업은 수주산업이라고 언급한 바 있다. 흔히들 그룹 내 계열사이면 광고를 모두 몰아주는 것으로 오해하기 쉽다. 세상에 공짜는 없듯이 광고 기획안이 좋아야 하고 입찰 등을 통해서 기회도 잡아야 한다. 나는 계열사 내에서도 광고를 수주하기 위해 수많은 이해관계자를 만났다. 그들이 다섯 가지 범주 가운데 어디에 속해 있든지 간에 연 2회 정도 주기적인 로드쇼를 통해 많은 사람들을 만났다. 연간 200여 명의 인사를 접촉하면서 그들에게 편지를 보내고 그리고 방문하는 일을 이어 갔다. 단순한 방문이 아니라 진심으로 설명하고 이해를 구했다. 이러한 관계유지 활동이 결국 얼마 지나지 않아 수주로 연결되었다.

　독자 여러분도 아시다시피 어느 날 갑자기 어려운 부탁을 받는 것보다 평상시 지속적으로 만난 사람의 이야기가 훨씬 편하게 느껴지는 것은 인지상정이다. 미국 소매상협회에서 연구한 자료에 따르면 물건을 판매할 때 세일즈맨 중 48%는 한 번 권유했다가 포기하고, 두 번 권유했다가 포기하는 사람은 25%, 세 번 권유한 사람은 15%, 네 번 이상 권유한 사람은 12%였다. 놀라운 것은 네 번 이상 권유한 12%의 세일즈맨들이 전체 판매량의 80% 이상을 차지하고 있었다는 사실이다.[2] 그래서 지속적인 관계를 유지하라고 거듭 강조하는 것이다.

1. 라젠드라 시소디어 외 2인, 위대한 기업을 넘어 사랑받는 기업으로, 럭스미디어, 2010년, 1판 6쇄, 340~341쪽
2. T자형 인재, 조철선, 아인북스, 2007년, 초판 1쇄, 79쪽

제4장

개인 차원에서
고려해야 할 점

스마트폰 일정관리 화면을 캡처한 것이다. 한 달 중에 비어 있는 날이 3월 31일 일요일 하루밖에 없다. 계획된 일정에 맞물려서 돌아가는 시간들을 잘 관리하지 않으면 자신만의 시간을 가질 수 없다. 그리고 어느새 시간에 이끌려 다니며 시간의 지배를 받는다.

21

시간활용을
잘해야 한다

CEO가 되면 좋은 차에 수행원이 있고, 항공기 이용 시 비즈니스석을 타는 등의 혜택이 주어지는 이유는 무엇일까? 내 경험으로 보면 그건 시간과 관계 있다. 제한된 시간에 많은 일정을 소화해 내야 하고, 어려운 전략적 의사결정에 대한 고민을 용이하게 할 수 있도록 제반 지원을 한다고 보면 된다. 한 가지 예로, 자가 운전을 한다면 운전에 몰입해야 하기에 다른 생각을 복잡하게 할 수 없고, 운전 중에는 전화하기도 어려운 여건이어서 운전 이외의 별다른 일을 추진하기가 어렵다. 특히 수도권 같은 복잡한 곳에서는 주차하는 데 시간이 걸려서 약속된 일정을 제때에 소화해 내기 어려운 경우도 발생한다. 그런데 직접 운전을 하지 않고 있다면 차 안에서 여러 가지 일을 볼 수가 있고, 필요한 서류들을 검토할 수도 있다. 운전이라는 부담이 완화되면서 회사를 위한 일에 전념할 수가 있다. 그만큼 CEO의 시간은 그 회사 내에서 어느 누구보다 가치 있고 귀중한 것이다. 일반직원들은 운영적 의사결정을, 중간계층은 관리적 의사결정을 그리고 상위 계층은 전략적 의사결정을 하는 경우가 많다. 경영자가 소비하는 내부분의 시간은 회사의 장래와 관련된 전략적 의사결정이 많아 시간적 가치가 더 크다고 본다.

시간의 경제와 관련해 '암표이론'이라는 것이 있다. 미국의 대표적 경제학자인 그레고리 맨큐(N. Gregory Mankiw)는 자신의 저서에서 "부족한 자원을 효율적으로 분배하려면, 그 가치를 가장 높게 평가하는 소비자에게 재화가 돌아가야 한다."며 암표이론을 옹호해 왔다. 시카고대 부스경영대학원 교수 리처드 세일러(Richard H. Thaler)는 "모든 사람이 줄을 서서 기다리는 것이 공평하다고 생각할 수 있다. 그러나 그것은 모든 사람을 똑같이 비생산적인 일에 종사하도록 만드는 것이다. 그리고 그것은 시간이 남아도는 사람들에게만 유리한 불공평한 일이다."라고 한 바 있다. 시간당 100만 원을 받는 유명강사가 2만 원짜리 프로야구 입장권을 구하기 위해 한 시간씩 줄을 서서 기다리는 것보다 1시간 강의를 하고 입장권 암표를 20만 원에 구매하는 게 더 합리적인 경제행위라는 뜻이다. 물론 '줄서기 평등주의' 의식이 강한 우리나라에서는 여전히 암표에 대한 부정적인 견해가 많고 불법으로 간주되지만, 여기에서 이야기하고자 하는 것은 CEO에게 주어진 하루 24시간의 가치는 다른 일반적인 사람들의 시간 가치보다 더 크다는 것이다.

사실 CEO는 일정관리 자체가 본인이 하는 일의 전부라고 해도 과언이 아니다. 제한된 시간을 가장 합리적으로 활용해야 하기 때문이다. 사실 내가 싫어하는 유형 중 하나가 나의 시간을 빼앗아가는 사람이다. 특단의 일도 없이 남의 사무실에 와서 상대방은 아랑곳하지 않고 실없는 이야기나 하면서 시간을 축내는 분들이 간혹 있다. 시간은 제한된 자원이기에 항상 부족하다. 시간의 특성 중에 또 다른 하나는 저장되지 않는다는 것이다. 하루가 지나면 소멸하는 것이다. 그래서 더욱더 시간관리를 잘하여야 한다.

영국의 유명한 극작가이자 노벨문학상 수상자인 조지 버나드 쇼는 그의 묘비에 "우물쭈물 살다가 내 이렇게 될 줄 알았다.(I knew if I stayed around long enough, something like this would happen.)"라고 써 달라는 유언을 남겼다고 한다. 버나드 쇼는 자기가 해야 할 일들을 제대로 하지 못한 채 시간만

영국 런던 북쪽 로렌스라는 작은 마을에 있는 버나드 쇼의 묘비.

허비하면 죽음에 임박하여 자기 삶을 후회하고 반성한다는 것이다. 투입된 시간 대비 성과가 없거나 회사이익 공헌도가 떨어지는 일에 시간을 투입하는 사람들이 조직에 있다면 조직 입장에서 이들은 무임승차자(free rider)이다.

시골의사 박경철 님이 쓴 책에 남자에게 다섯 가지 나쁜 것이 있는데 1위가 여자, 2위가 술, 3위가 담배, 4위가 도박, 5위가 골프라고 한다. 5위 골프를 제외한 나머지는 별다른 설명을 하지 않더라도 다들 어느 정도 이해할 것이다. 골프가 5번째로 나쁜 이유는 골프로 인하여 많은 시간을 빼앗겨 주말에 다른 일을 하기 어렵다는 것이다. 수도권은 교통체증으로 인하여 토요일과 일요일 이틀간 운동을 하고 나면 대부분 다른 일을 할 수 없다. 개인적으로 해야 할 일은 물론 가장으로서 가족들에게 해야 할 역할에도 소홀해진다는 것이다. 필요에 의해 골프를 하는 것이 아니라 골프를 하기 위해 살고 있는 것처럼 느껴진다면 잘못된 것이다. 본업이 아닌 오락이나 여가에 너무 몰두하면 시간만 허비하는 피해를 본다. 간혹 컴퓨터 게임을 하다 보면 시간이 잘 간다는 것을 느낀다. 그런데 중독성이 강한 게임은 정말 중단하기가 어렵다. 나 역시도 온라인상으로 상대가 가능한 바둑게임을 하고 있다면 정말 빠져 나오기가 어렵다는 것을 경험해 보았다. 그런데 이 게임을 해도 바둑실력이 향상되어 어디에 활용하는 것이 아니라 결국 시간만 허비한다는 것이다. CEO는 골프, 바둑, 등산, 낚시 등 취미

차원을 넘어서 너무 한 곳에 올인을 하면, 본업에 소홀해진다는 사실을 명심하고 적당히 즐겨야 한다.

시간에 관한 이야기를 한 가지 더 하자면, 누가 뭐래도 아침시간을 잘 활용하라는 것이다. 아침형 인간에 대한 반론도 일부 있지만 나의 경험으로 보아 일찍 일어나서 문제가 된 경우는 한 번도 없었고, 늦게 일어나서 문제가 된 경우는 많았

아침형 인간은_

자연의 리듬과 함께 사는 사람이다
인류는 지난 수백만 년 동안 해가 지면 자고 해가 뜨면 일어나는 자연순응형 삶을 살아왔다. 아침형 인간은 인류가 태고 적부터 지녀온 유전자 정보이자 생체 리듬에 일치하는 사람이다.

하루를 지배하는 사람이다
대자연의 여명과 더불어 하루를 시작하는 아침형 인간은 하루를 계획하고, 시간을 지배하고, 일을 주도하는 사람이다.

자기의 인생을 다스리는 사람이다
일과 가정, 여가생활의 균형을 지킬 줄 알고, 육체적으로 정신적으로 건강한 삶을 사는 사람이다.

인생의 목표를 성취해내는 사람이다
탁월한 성공을 거둔 사람들은 모두가 아침에 깨어 있었던 사람들이다. 성공적인 삶을 끌어가는 이들의 아침은 한결같이 맑고 활기차다.

진정한 건강과 행복을 누리는 사람이다
일과 사람을 대함에 여유가 있고, 짧은 시간이라도 가족과 함께 할 줄 알고, 늘 밝고 긍정적인 생각으로 세상을 대하고, 늙어서도 맑은 기운이 넘치는 사람이다.

지은이
사이쇼 히로시(税所弘)
1951년 나가사키현 출생. 성(聖)마리안느 의과대학 졸업. '심신일여(心身一如)'의 원리를 바탕으로 '사이쇼식 아침형 심신건강법'을 확립하였다. 이를 바탕으로 지난 20여 년 동안 수많은 직장인, 학생들의 생활 패턴을 변화 시키고 또 많은 환자들의 치료에 성과를 보여 왔다. 독창적인 강연회와 저서로 이른바 많은 '사이쇼 지지자'를 만들어냈다. 『아침형 인간의 비밀』 등 많은 저서가 있다.

사이쇼 히로시가 지은 책 『아침형 인간』 표지 날개를 스캔하였다.

다. 남보다 여유 있게 시작할 수 있다는 것은 이미 경쟁에서 이기고 들어간다는 것이다. 신입사원들이 입사하면 처음 한 달간은 그 부서에서 제일 먼저 출근하라고 멘토링을 해 준다. 5060세대는 아침 일찍 출근한 사람이 일할 준비가 잘되어 있고 부지런하고 충성도가 강한 사람으로 인식하는 경우가 많기 때문이다. 병법에도 먼

저 도착해서 지형지물을 살피는 사람이 이길 확률이 높다고 한다. 나 역시도 중요한 구상이 있을 경우 아침 일찍 출근하여 어제 생각한 항목들을 재정리하는 편이다. 아침시간은 조용한 데다 전화를 하거나 찾는 사람도 적어 한 가지 생각에 몰입할 수 있는 장점이 있다. 일단 직원이 한 명이라도 출근하게 되면 간섭이 발생하기 시작하고, 출근하는 인원이 승가할수록 소통채널이 늘어나면서 개인적인 시간도 없어진다. 그래서 혼자만의 시간을 가질 수가 없다. 경영자가 저녁 늦게까지 사무실에 남아 있으면 다른 사람들이 제대로 퇴근을 하지 못하기에 저녁 약속이 있든 없든 퇴근시간에 맞춰 나와야 하므로 실제 시간은 아침밖에 없다.

경영자가 되고 나니 정말 한 달이 하루처럼 지나가는 느낌이다. 포레카에서 창업한 뒤 석 달간 매출채권이 예상보다 많이 발생하여 자금회전이 좋지 않았던 기억이 있다. 개인기업을 경영하는 친분 있는 인사가 "월급 주고 돌아서면 바로 다음 달 월급일이다." 라고 이야기한 것을 실감하였다. 그 당시에는 직원들 월급날이 왜 그렇게 빨리 돌아오는지 자금 구하러 동분서주하면서 보낸 시간이 야속하기만 했다. 연초에 계획 잡고, 1·4분기 실적 분석하고, 중간 결의 한 번 다지고 나면 하반기이다. 하반기는 내년도 먹을거리를 준비해야 하는 시기여서 1년이 너무 빠르게 지나가는 것 같다. 봄이 왔는지 여름에 무성한 숲을 한 번 제대로 본 적이 있는지 기억이 아련할 뿐이다. 그만큼 경영자에게는 시간의 체감속도가 다른 사람들보다 더 빠르게 느껴진다는 것이다.

고려대학교 언론대학원 최고위과정을 다니면서 알게 된 에이플러스에셋 안숙이 이사님이 탁상용 달력을 보내왔다. 회사 차원의 달력인 줄 알고 봉투를 열었는데 자세히 보니 개인용 주문제작 달력에 자기 이름을 넣어서 홍보용으로 활용하기 위한 것이었다. 투자유치 및 보험영업을 주로 하는 분이어서 역시 생각하는 바가 다른 것 같다. 달력 표지에 '2013년 시간을 디자인하다'라는 제목으로 매월 스토리텔링 방식으로 만든 달력인데 한 장씩 넘길 때마다 시간과 관련된 유명한 메시지가 담겨 있다. 다음은 그 내용 중 일부를 인용한 것이다.

△새로운 시간 속에는 새로운 마음을 담아야 한다.〈아우구스티누스〉 △시간을 단축하는 것은 활동이요, 시간을 견디지 못하게 하는 것은 안일함이다.〈괴테〉 △시간을 지배할 줄 아는 사람은 인생을 지배할 줄 아는 사람이다.〈에셴 바흐〉 △계획이란 미래에 관한 현재의 결정이다.〈드러커〉 △계획을 세우는 데 소비한 시간이 길어질수록 실행에 옮기는 시간이 줄어든다.〈자이베르트〉

CEO는 시간이 중요하다는 것을 인식하고 이를 지배하고 살아야 하며 실행에 많은 시간을 투입하는 것이 현명하다는 것을 함축적으로 이야기하고 있다.

아내가 그토록 졸랐건만 3개월을 미루고 미루다 문 닫기 사흘 전 덕수궁미술관에 가서 미국 현대미술을 감상하였다. 앤디 워홀의 '녹색코카콜라병' 작품을 보면서 학창시절 방학숙제를 하듯 큐레이터의 해설을 팸플릿에 열심히 메모하였다. 큐레이터 설명에 의하면, 현대미술은 작가의 ①선택권 ②퍼포먼스(performance) ③과정 ④표현 이 네 가지가 중요한 요소라고 한다. 특히 수많은 오브젝트(object) 중에서 작가의 선택에 따라 작품이 결정되기에 선택권이 가장 중요하다고 한다.

22 지속적으로 공부하라

집의 서재나 사무실 책장에 진열된 책을 보니 최근 들어 마케팅과 관련한 책이 유난히 많아졌다는 것을 느낄 수 있다. 광고회사 CEO를 역임하면서 '통합마케팅', '커뮤니케이션'과 관련한 책을 많이 사서 읽은 기억이 있다. 승주CC 대표이사로 부임하라는 통보를 받고 나서 내가 제일 먼저 한 것도 서점에서 골프장 운영과 서비스 마케팅 관련 책을 몇 권 산 것이다. 이후 5일 동안 정신없이 읽은 기억이 난다. 나는 평상시 직원들에게 현재는 물론 장래를 위해서라도 공부하는 자세를 견지하며 직장생활을 하라고 강조하는 편이다. 특히 직장인은 프로페셔널인데, 프로 운동선수가 동계훈련 등 지속적인 훈련을 해야 고액의 연봉을 받듯이 기업에 근무하는 사람도 그 직위가 사장이든 말단 직원이든 간에 회사는 물론 본인의 삶의 질을 더욱더 향상시키기 위해서 열심히 공부해야 한다는 것을 강조한다.

2012년 MBC 연예대상을 받은 박명수는 사실 유재석에게 밀려 항상 2인자였지만 지속적인 자기만의 장르를 개척하고 노력을 더하여 마침내 1인자가 되었다. 이런 그가 모교의 초청강연에서 한 말이 있다. "후배 여러분, 공부를 열심히 하지 않으면 더울 때는 더운 데서 일을 하고, 추울 때는 추운 데서 일을 하게 됩니다."라고 말이다. 그래서 그는 더울 때 에어컨 밑에서 일하기 위해 더 열심히 노력하는지 모르겠다. 나 역시도 공부에 관해서는 나만의 이론을 가지고 있는데, '평생공부 일정량의 법칙'이다. 사람에게는 평생 공부해야 할 양이 일정하게 할당되어 있는데, 젊어서 공부를 많이 한 사람은 성공 후에 천천히 공부를 더하면 되고, 반면 젊어서 공부를 적게 한 사람은 나이가 들면서 남들이 여유를 가질 때 비슷한 사회생활을 하기 위해 더 많은 공부를 하여야 한다는 이론이다. 그래서 이왕 하는 공부 젊어서 열심히 하여 성공하는 게 더 낫다는 것이다. 지금 공부하라고 반복해서 강조하는 것은 아마도 내가 학교 다닐 적에 공부를 열심히 하지 않은 대가를 치르는 것 같다.

CEO로서 공부를 해야 하는 첫째 이유는, 평생학습 관점에서 안전지대 확충이 필요하다는 것이다. 토머스 데이븐포트가 쓴 『관심의 경제학』이라는 책을 보면 다음과 같은 말이 있다. "오늘날

「뉴욕타임스」일요판에 담긴 정보는 15세기에 쓰인 모든 문서를 합한 것보다 많다. 예를 들어 1472년 당시 세계 최고의 대학

'변화'라는 단어를 1년 주기로 검색할 기회가 있었다. 1년 사이에 10억 건이 더 늘었다는 사실에 정말 놀라울 뿐이다.

도서관이던 케임브리지대학교의 퀸스칼리지 도서관은 불과 199권을 소장하고 있었다. 하지만 미국만 하더라도 한 해 동안 새로이 만들어 내는 책이 6만 종에 달하고, 세계적으로는 30만 종 넘는 새 책이 쏟아져 나온다."[1] 정보의 양이 엄청나게 많아지고 사회적 변화 속도가 매우 빨라지면서 새로운 지식들도 얼마 가지 않아 구식이 되어 버리는 것이다. 역사학자 아널드 토인비(Arnold Toynbee)는 "환경조류가 바뀌어도 새로운 도전이 일어나도, 사람들은 자신의 안전지대를 떠나고 싶어하지 않는다. 사람들이 기존의 방식에 너무도 단단히 얽매여 있기 때문이다."라고 하였다.[2] 변화를 수용하고 새로운 도전에 대한 나의 안전지대를 확장하기 위해 다양한 자료들을 끊임없이 섭렵하는 지속적인 공부가 필요하다고 생각한다.

둘째로, 산업사회가 고도화하면서 한 가지 지식만으로 경쟁하

시크한 무대, 번쩍이는 조명, 강렬한 비트 음악, 절제된 발걸음 등이 작품과 어우러진 패션쇼를 보고 나서 종합예술이라는 것을 이해했다. 공부는 책으로만 하는 것이 아니다.

던 시대는 지났다. 융합적이고 복합적인 생각을 지니지 못하면 경쟁에서 밀려 시장에서 도태되는 경우가 많아졌다. 그래서 한 가지를 잘하는 것이 아니라 다양한 것을 잘하는 양손잡이(ambidextrous) 선수가 되어야 한다는 것이다. 우리가 곰곰이 생각해 보면 50평생을 직장에서 생활하고 은퇴한 사람들이 재취업을 위해 작성하는 이력서 경력 내용이 'ㅇㅇ회사 입사 ㅇㅇ회사 퇴사' 밖에 없다면 실로 서글픈 일이 아닐 수 없다. 더 서글픈 것은 대부분 직장인들이 이런 현실을 경쟁력이 떨어지고 난 후에야 알게 된다는 것이다. 기업을 잘 운영하기 위해서 읽어야 할 책은 경영학 분야만이 아니다. 문학, 철학, 역사, 미술, 음악, 심리 등 다양한 분야의 접목이 요구되는 시대이다.

셋째로, 평균수명 증대로 인한 노후사회 환경변화에 보다 적극적으로 대처할 필요가 있다. 2012년 현재 79세인 한국인의 평균수명은 향후에도 계속 증대되어 개개인의 일생은 '트리플 서티즈(triple thirties)'로 구분될 것이다. 첫 30년은 부모의 은덕으로,

그 다음 30년은 개인의 능력으로 인생을 살았지만, 이제는 은퇴 후 30년을 더 살아가야 하는 경우가 많아진다. 스스로 목표를 가지고 끊임없이 정진하는 사람만이 60세 이후 30년 동안 영광된 세월을 보낼 것이라고 생각한다. 그렇지 않으면 인고의 나날을 보내야 할지도 모른다. 열심히 공부한 CEO는 현직을 그만두더라도 다른 기업의 공모를 통해서 CEO를 계속할 수 있다. 사실 CEO는 이 정도 자신감이 있어야 경쟁력 있다고 본다. 이 질문에 바로 답이 나오지 않으면 현직을 감사히 생각하고 심오한 반성과 함께 더욱 정진해야 한다.

지속적으로 공부하는 것은 미래를 위해 보험 든다고 생각하면 된다. 사우디아라비아의 석유장관으로 한동안 국제 유가를 쥐락펴락했던 아메드 자키 야마니가 자국을 포함한 산유국에 경각심을 주기 위해 "석기시대가 끝난 것은 돌이 다 떨어져서가 아니다."라고 한 적이 있다. 개인이든 기업이든 경쟁력이 약화되거나 변화에 적응하지 못하면 도태된다는 것은 자명한 논리이다. 일반적으로 2~3년 단위로 자신의 이력서에 넣을 만큼 새롭게 시작한 일 혹은 결실이 없다면 한 번쯤 생각해 봐야 한다. 1년 동안 공부하지 않으면 지식의 80%가 감퇴된다는 말이 있다. 괴테가 말하기를 "가장 유능한 사람은 가장 배우기에 힘쓰는 사람이다."라고 했다.

혹자는 이야기하기를 '운이라는 것은 실력이 동반되어야 한다'

고 한다. '운이 좋아서'라고 겸손하게 이야기하는 대부분의 사람들은 끊임없이 자기 계발에 정진해 왔다는 것을 알아야 한다. 이런 사람들이 유능한 사람이다. 올림픽축구대표팀의 김기희는 2012년 8월 11일 영국 웨일스 카디프 밀레니엄 스타디움에서 펼쳐진 런던올림픽 일본과의 축구 남자 동메달 결정전에서 후반 44분 구자철과 교체 투입돼 4분 뛰고 병역 혜택을 받자 모두들 '운이 좋다'고 이야기했다. 김기희는 운이 좋은 게 아니다. 올림픽대표팀 18명에 선발될 정도로 실력을 축적하였기에 경기 현장에서 그 운이라는 기회를 잡을 수 있었다. 우리나라에서 축구선수를 둔 모든 부모님의 숙원이 자기 아들이 국가대표가 되는 것이다. 이런 측면에서 보면 단순히 운이 좋아서 병역특례를 받은 것이 아니다.

끝으로 한 가지 더 이야기하자면, 독서를 해야 한다는 것이다. 나는 대기업의 사원채용 업무를 오랫동안 하였는데, 10여 년 전만 해도 입사지원서 취미란에 '독서'라고 적은 분이 간혹 있었으나 요사이는 본 적이 거의 없다. 물론 정보기술이나 컴퓨터가 발달하여 독서에 버금가는 정보나 지식을 얻을 수도 있지만, 그래도 좋은 책을 사서 몇 번씩 읽어 보아야 진정한 지식의 습득과 축적이 가능하다. 아무리 인터넷이 발달하여도 책은 계속 존재할 것이다. 손때 묻은 책은 다시 볼 수 있지만 일회용으로 필요에 의해서 검색한 인터넷 지식은 어쩐지 휘발성 지식 같다는 생각마저 든다.

학교를 졸업하고 직장생활 하는 성인의 경우 일반적으로 업무와 관련된 지식을 습득하기 위해 개인별로 책을 많이 읽는다. 이런 경우가 전쟁을 위해 총을 준비하는 것과 같이 현직을 위해 누구든지 반드시 해야 하는 '필요조건의 독서'에 해당한다. 이것마저도 하지 않으면 퇴직 시기를 본인 스스로 앞당기는 결과를 초래한다. 이와 더불어 변화를 수용하고, 추가적인 소양을 확대하고, 통찰력을 향상시키기 위한 공부가 '충분조건의 독서'라고 말하고 싶다. 한발 더 나아가 회사의 업적이나 성과 향상에는 반드시 임직원 개인의 능력이 전제되어야 하는데, 필요조건의 독서와 충분조건의 독서가 병행되어야 종합적인 통섭능력이 향상되어 성과창출에 기여하게 된다.

1. 토머스 데이븐포트 외 1인, 관심의 경제학, 21세기북스, 2008년, 2판 2쇄, 26~27쪽
2. 스티븐 코비, 원칙중심의 리더십, 김영사, 2008년, 489쪽 재인용

서울 종로구 세종로 사거리에서 밝은 색 셔츠에 짙은 색 정장바지를 입은 남성 직장인들이 길을 건너고 있다. 일명 펭귄룩이 대세인 이유는? 연세대 인간행동연구소 이명신 연구원은 "흰 셔츠에 검은 바지를 매치하는 게 사무직 남성의 세련된 옷차림이라는 인식이 오래 지속돼 왔다"며 "그렇게 입어야 괜찮은 직업군에 속한다는 정체성을 확인하게 되는 측면도 있다"고 분석했다. 한림대 사회학과 유팔무 교수는 "다수 안에 묻혀 있을 때 안전함을 느끼는 게 한국 조직문화"라며 "개성이 강한 젊은이들도 어렵게 취업하기 때문에 직장 내 복장문화를 '2차 사회화'로 여기고 순응한다"고 분석했다.(동아일보 2012년 7월 11일자)

23

품위유지와
건강관리에
신경을 쓰라

신언서판(身言書判)이라는 말이 있다. 중국 당나라 때 관리를 등용하는 시험에서 인물평가의 기준으로 삼았던 몸[體貌]·말씨[言辭]·글씨[筆跡]·판단[文理]의 네 가지를 이른다. 이러한 인재 판단기준이 근자에까지 전달되어서인지 채용 관련 인터뷰에서도 신언서판의 기준으로 사람을 평가한다. 면접 대상자가 입장하여 면접관 앞에 앉을 동안의 행동거지를 관찰하고, 몇 가지 질문에 대답하는 것을 평가하고, 자기소개서의 내용을 확인하고, 판단력이 있는지 확인하는 질문을 하는 순서가 바로 이것이다. 면접에서 첫인상이 전체의 맥락을 좌우하는 경우가 많다. 이렇듯 사람의 평가나 신뢰 여부가 외형인 신(身)에서 우선 관찰된다. 신(身)은 사람의 풍채와 용모를 뜻하는 말이다. 이는 사람을 처음 대했을 때 첫째 평가기준이 되는 것으로, 아무리 신분이 높고 재주가 뛰어니디라도 첫눈에 풍채와 용모가 뛰어나지 못했을 경우 정당한 평가를 받지 못하기 쉽다. 자신의 몸을 외적으로 표현하기 위해 '품위유지'가 필요하고, 내적으로 관리하기 위해서는 '건강'이 중요하다.

2010년에 신설된 광고회사 CEO로서 처음으로 모 방송사 주관 미디어 데이에 참석한 적이 있다. 일반 실무진이 연석으로 참여하는 회의여서 광고회사, 언론사 혹은 방송사 대표이사들은 별도의 응접실에서 환담을 나누다가 행사장에 들어가는 것으로 되어 있었다. 당시 나는 양복은 입었으나 머리가 조금 짧은 편이었다. 그런데 내가 응접실로 입장하려고 하자 진행요원이 "실무진은 회의장으로 바로 가십시오."라고 하면서 제지를 하였다. 나중에 회의에 참석해 보니 대부분의 CEO는 가르마를 탄 헤어스타일을 하고 있었다. 또 다른 모임에 가서는 "수행원은 다른 장소에서 식사를 합니다."라고 안내받은 적도 있다. 그날 이후 머리를 조금 길러서 2대 8로 가르마를 타고 젤이나 무스도 바르고 다녔다. 모임 수준에 맞도록 품위 있게 보이는 것이 중요하다고 느껴서 이 글을 쓰는지도 모른다. 공식 모임에서조차 사람을 판단하는 데 전술한 바와 같이 신언서판의 기준을 우선시하는 것을 보면 항시 단정하고 바른 몸가짐으로 품위를 유지하는 것이 일정 부분 필요하다고 본다.

품위유지에서 빠질 수 없는 것이 복장이다. 의복은 우리 마음의 자세를 가다듬는 중요한 역할을 한다. 장례식장의 검은 색 복장은 엄숙함을, 병원에서 흰 가운은 청결하고 위생적임을 나타낸다. 군대를 다녀오신 분들은 경험한 적이 있을 것이다. 평상시에 양복을 입으면 정중하고 예의 바르게 행동하지만, 훈련 소집에 응해 예비군복만 입으면 평상시에 하지 않던 말이 오가고 경우에 따라서는 돌출 행동도 나온다. 주말에 트레이닝복을 입고 있으면 소파에 제대로 앉아 있기보다 비스듬한 자세가 나오는 이유도 이와 마찬가지다.

벤자민 프랭클린(Benjamin Franklin)은 "먹는 것은 자기가 좋아하는 것을 먹되, 입는 것은 남을 위해서 입어야 한다.(Eat what you like, but dress for the people.)"라고 하였다. 이미지 관리에 부족한 CEO는 이 점을 중시해야 한다. 의상은 경우에 따라 첫인상의 전달 효과에서 대단히 중요한 부분을 차지하기 때문이다. 특히 수주산업을 경영하는 경우 복장은 상대의 기대에 부응하며 호감도를 높이는 절대적인 요소이다. 상황과 대상에 맞는 옷차림을 할 줄 아는 것은 자신을 돋보이게 하고, 자신을 상대에게 제대로 전달시킨다. 요사이 결혼식장에 아웃도어 복장으로 나타나는 사람들이 종종 보인다. 입장을 바꾸어서 본인이 혼주가 되었을 경우 상대방이 그런 복장으로 온다면 어떠하겠는지 생각해 보았으면 한다. 아마 자기를 무시하는 것이 아닌가 하고 생각할 것이다. 우리 선조들은 항상 '의식주(衣食住)'를 강조했다. 먹고 지내는 일보다 우선히여 중요시한 부분이 바로 복상이 아니었나 추측해 본다.

신(身)에 대한 둘째 이야기로, 내적 관리를 위한 '건강'을 언급하고자 한다. CEO의 하루 일정을 보면 거의 빈틈없이 일정이 빡빡하다. 혼자서 조용한 시간을 갖고 싶어도 수많은 이해관계자가 가만히 놓아두질 않는다. 회의하고, 보고받고, 행사 참석하고, 현장 방문하고, 간담회 하고, 식사하고, 잠시도 제대로 된 혼자만의 시간이 없다. 그러다 보니 절대적으로 운동량이 부족하여 나와야 할 곳은 들어가고 들어가야 할 곳은 나오는 기형적인 체격이 될 수밖에 없다. 이와 더불어 정신적인 스트레스가 쌓이는 경우가 많다. 경영자는 의사결정의 순간을 끊임없이 맞이한다. 선택은 항상 어려운 것이다. 모든 어려운 선택은 항상 경영자에게 맡겨진다. 로버트 프로스트(Robert Frost)의 시 「가지 않은 길」에 다음과 같은 구절이 나온다. "훗날에 훗날에 나는 어디선가 한숨을 쉬며 이야기할 것입니다. 숲 속에 두 갈래 길이 있었다고, 나는 사람이 적게 간 길을 택하였다고, 그리고 그것 때문에 모든 것이 달라졌다고." 한 번의 선택이 모든 것을 달라지게 만들기에 많은 사람이 선택에서 받는 중압감과 스트레스는 생각보다 크다. 특히 리더의 의사결정에 조직 전체의 성패와 생존이 달려 있다는 데 생각이 미치면 육체도 육체이지만 정신적인 건강을 해치게 되는 것이다. 그래서 스트레스를 해소하는 방법도 매우 중요한 항목이다.

　내 경험에 의하면 제대로 건강관리를 하지 않은 사람은 어느 날 체력이 급격히 약해졌다는 것을 순간적으로 느낀다. 축구를 하다가, 달리기를 하다가, 등산을 하다가, 수영을 하다가, 심지어는 계단을 오르다가 체력이 전과 같지 않다는 것을 느낄 때가 있다. 물론 개인에 따라 이르고 늦음의 차이는 있을 수 있다. 오늘 과로해서, 어제 술을 많이 마셔서, 전반적으로 컨디션이 좋지 않아서 등의 이유를 나름 대 보지만, 이러한 느낌이 반복되는 주기가 짧아지고 횟수가 증가하면 벌써 근력이 예전만큼 좋지 않다는 것을 의미한다. 건강도 마찬가지로, 나이 들수록 저항력이나 회복능력이 떨어지는 것이 다반사다. 그 순간이 40세이냐, 50세이냐, 60세이냐는 평소 건강을 어떻게 관리해 왔는지에 따라 달라진다. 사람의 몸은 한번 고장 나면 고치기 어렵다. 설령 고친다고 하여도 종전 상태에 못 미치기 때문에 유의하여야 한다. 전문경영인 역시 샐러리맨이기에 몸은 본인이 가진 유일한 자산이며 생산의 근거지이기에 소중히 관리해야 한다. 나는 '샐러리맨은 움직이는 부동산'이라고 외치고 다닌다. 그래서 헬스장을 다니며 하드웨어를 다듬고, 소프트웨어를 업그레이드함으로써 부동산 가치를 끊임없이 올려 나가야 한다.

　사실 몸이 아프면 아무것도 하기 싫어지는 게 인지상정이다. 겨울철에 약한 감기에만 걸려도 업무에 지장이 많이 발생한다. 평상

포스코그룹은 전체 직원들의 건강을 위하여 '4금 운동'을 하고 있다. 담배 끊는 금연, 술 안 마시는 금주, 소금 적게 먹는 금염, 비만을 방지하는 금비 네 가지이다. 승주CC에 서는 저염식단을 운영하여 고객분들의 건강관리에 대한 캠페인 활동을 하고 있다.

시 자신의 건강관리에 주의를 기울이는 것이 좋다. 중국의 전설적 의사로 꼽히는 편작 (扁鵲)은 죽은 사람도 능히 살릴 만한 명의 였다고 한다. 사기 편 작 열 전(扁鵲列傳)을 보면 편작이 어떤 명

의도 고칠 수 없는 여섯 가지 불치병 환자를 강조하는 대목이 나 온다. 이른바 환자 육불치(六不治)이다. 나는 육불치 가운데 지식 근로자로서 대기업 반열에서 일하는 사람들이 저지르기 쉬운 두 가지를 이야기하고자 한다. "일불치(一不治)는 교만하고 방자해 '내 병은 내가 안다'고 주장하는 환자다(驕恣不論於理, 一不治 也). 병에는 원리가 있고, 그 원리를 알아야 치료를 하는데, 주관 적인 판단만 중요시하고 의사의 정확한 진료와 충고를 따르지 않 는 교만한 사람은 치료가 불가능하다는 뜻이다. 편작이 제나라에 갔을 때 제나라 왕 환공(桓公)은 편작의 진단을 믿지 않아 결국 골 수암으로 죽고 말았다. 주로 고위직이나 지식이 많은 사람들이 의 사를 불신하거나 병리를 무시하는 경향이 있다. 이불치(二不治)는 자신의 몸보다 돈을 더 소중하게 여기는 사람이다(輕身重財, 二不

治也). 몸은 세상에서 무엇과도 바꿀 수 없는 소중한 존재다. 돈과 재물을 중시해 몸을 가벼이 부린다면 이 또한 불치병이라는 지적이다. 열심히 일해 돈도 벌고 지위도 높일 수 있지만 건강을 잃으면 이 모든 것을 한순간에 잃을 수 있다. 그러니 몸보다 소중한 것은 없다고 생각해야 한다."[1]

CEO들은 바쁜 일상으로 인하여 자동차, 엘리베이터 등 문명의 이기에 의존하다 보니 평상시 운동량이 절대 부족하다. 시골에서 농사를 짓는 농부 중에 배 나온 사람은 거의 없다. 이처럼 일정하게 육체적 운동을 하는 것이 건강한 체력을 유지하는 방법이다.

1. DBR(Dong-A Business Review), No.77, 2011년 3월, Issue 2, 64쪽, Wisdom for CEO

2012년 3월. 포레카에서 승주CC CEO로 부임하면서 서울 동작동 국립묘
지의 박태준 회장님 묘소를 참배하였다. 나의 영원한 멘토이신 회장님의
경영철학인 도전정신, 책임정신, 협동정신을 되새기고 우국충정의 리더십
을 본받아 새로운 회사에서 다시 한 번 도전하겠다는 각오를 다졌다.

24 정신적 멘토를 두라

'박세리 키즈'라는 말이 있다. 1998년 LPGA US여자오픈 경기에서 박세리 선수가 연장 접전 끝에 맨발 투혼으로 대역전극을 펼치며 우승함으로써 당시 IMF 외환위기를 겪고 있던 한국에 큰 감동을 안겨 주었다. 이후 박세리 선수의 영향을 받고 골프에 입문한 1986~1988년생 어린 학생들이 많았는데, 이들을 가리켜 '박세리 키즈'라 부른다. 당시 10~12세였던 '박세리 키즈'들이 엄청난 경쟁 속에서 성장해 한국 대표로 선발되었고, 최근 세계 무대에서 연이어 우승하면서 주목을 받고 있다.

"2012년도 LPGA투어에서 한국 선수들이 빛을 발한 것은 '박세리 키즈'로 불리는 최나연, 신지애, 박인비 '3두 마차'의 활약이 중요하게 작용했다. 최나연이 US여자오픈을 비롯해 2승을 올리며 상승세를 이끌었고, 신지애는 부상으로 시즌 중반 투어 생활을 하지 못했음에도 메이서 내회인 브리티시여자오픈을 포함해 2승을 거두며 부활을 선언했다. 여기에 상금왕 박인비가 가세하면서 '박세리 키즈'가 세계 골프를 지배하고 있음을 만천하에 알렸다. 특히 이들과 함께 올 시즌 24개 대회에 출전해 무려 16번이나 '톱10'에 이름을 올린 유소연이 신인상을 받음으로써 앞으로 '코리안 시스터즈'의 바람은 더욱 거세질 전망이다."[1]

여기서 주목할 점은, 박세리 키즈는 박세리가 스승으로 골프를 지도한 게 아니라는 사실이다. 박세리는 당시 희망의 롤 모델이었던 것이다. 한 분야에서 세계 최고가 된 사람을 보고 장래를 꿈꾸듯 10대들이 박세리를 멘토로 생각한다는 것이다. 기업에서도 신입사원이 들어오거나 전환 배치되어 부서를 바꾼 직원들을 대상으로 멘토제를 운영한다. 사내에서 선배가 후배에게 조직생활에 필요한 업무와 관련된 것뿐만 아니라 업무 외적 개인생활 등에서 발생하는 각종 애로사항에 대해 조언하면서 후배가 회사생활에 잘 적응하도록 돕는 선진 조직관리기법으로, 일명 '사내후견인제'라고도 한다. 멘토제는 신입사원의 조직적응력을 높여 이직을 방지하는 동시에 기존 사원들에게는 리더십을 기를 수 있는 기회를 제공하는 등 다양한 이점이 있다. 또한 조직문화를 한 방향으로 정렬하는 데 유용한 제도라 할 수 있다.

나는 포스코 구성원의 한 사람으로서 최고경영자인 박태준 회장님의 경영철학을 교육받을 기회가 여러 차례 있었다. 신입시절 의무적으로 실시되는 교육이어서 흥미를 느끼지 못하고 크게 관심도 없었다. 오히려 내가 어느 지역에서 근무하는지, 무슨 일을 누구와 함께하는지가 더 큰 관심사였다. 경우에 따라서는 창업자를 너무 우상화하는 것이 아닌가 하는 생각도 들었다. 그러나 포스코에 근무하는 기간이 길어질수록 그분의 리더십이나 경영철학이 어느 사이 나의 DNA로 흡수되어 동화됨을 알 수 있었다. 나도 모르게 회장님처럼 생각을 하고, 동일한 의사결정 기준을 적용하게 된 것이다. 특히 국가와 민족에 대한 의식은 누구보다 투철하다는 것을 많이 느꼈다. 많은 전문가가 어려운 군복무 시절에 군인정신이 투철하여서 그렇다는 이야기를 많이 하는데 나 역시 군 생활을 매우 투철하게 하였기에 이 점에 대해서는 적극 동의한다. 현재 나는 그분을 나의 영원한 멘토로 생각하고 그분의 생각과 가급적 궤적을 같이하려고 노력 중이다. 기업을 운영하는 세 가지 주요 요소인 자본, 기술, 사람이 전무한 상황에서 산업의 근간이 되는 제철회사를 만들었다는 점은 내가 신설 광고회사 포레카를 창업하였을 때 많은 경영철학을 비슷하게 적용할 수 있는 롤 모델이 되었다.

　다음은 내가 목소리까지도 비슷하게 흉내를 내는 박태준 회장님 말씀이다. "우리 선조들의 피의 대가인 대일 청구권 자금으로 짓는 제철소요. 실패하면 역사와 국민 앞에 씻을 수 없는 죄를 짓는 것이오. 그때는 우리 모두 저 영일만에 몸을 던져야 할 것이오." 포스코 건설과 조업에 실패했을 경우, 오른쪽으로 보이는 영일만에 빠져 죽겠다는 각오를 '우향우 정신'이라고 표현한 말이다.

내가 박태준 회장님을 롤 모델로 꼽은 가장 중요한 이유는, 그분이 전문경영인이라는 것이다. 전문경영인은 지배구조를 장악하는 개인명의 주식의 일정 비율을 가진 회사를 운영하는 것이 아니라 경영 대리인의 역할을 할 뿐이다. 이러한 분이 기업의 설립 취지에 부합하고, 사리사욕 없이 일을 한다는 것은 정말 배울 점이 많은 롤 모델인 것이다. 송복 교수는 공기업을 사기업 이상으로 일으킨 박태준 회장님의 사상과 대성취를 '태준이즘(Taejoonism)'이라 명명하면서 다음과 같이 이야기했다. "박태준은 이병철·정주영과 동시대를 감당하며 탁월한 위업을 성취했다. 그들은 하나같이 대성취를 이루었다. 그러나 박태준에게는 이병철·정주영에게 없는 매우 독특한 무엇이 있다. 그것은 '나'를 위해 일하지 않았다는 점이다. 나의 사업을 하지 않았으며, 나의 대성취를 결코 나의 재산이나 가족의 재산으로 여기지도 않고 만들지도 않았다는 점이다. 국가의 일을 맡아 자기 소유의 일보다 더 성실하게 더 치열하게, 세계적 유일 사례로 기록될 만큼 가장 탁월하게 가장 모범적으로 성취했다는 점이다. 이 지점에서 박태준은 이병철·정주영과 갈라지게 된다."[2]

1968년 4월 1일 창업한 포스코의 포항 건설현장을 박정희 대통령이 처음 방문한 날은 그해 11월 12일이었다. 초겨울이었고 바닷

공사 현장을 둘러보기 위하여 롬멜하우스를 나서는 박정희 대통령과 일행(1968. 11. 12). 박 대통령 왼쪽이 박태준 회장님.

바람이 거세게 불어 흙먼지와 모래가 하늘 높이 날리고 있었다. 이 날 박정희 대통령은 "이거 남의 집 다 헐어 놓고 제철소가 되기는 되는 건가?"라며 혼잣말처럼 걱정을 하였다. 막상 시작은 하였지만 박정희 대통령도 내심 걱정이 많았던 것이다. 그것이 포항제철의 시작이었다.

롬멜하우스에서 회의를 마치고 나오는 대통령 일행의 발걸음은 무거웠을 것이다. 이 장면이 기록된 사진을 보관하고 있는데, 나는 여기에서 회장님의 모습을 보고 '리더십이란 이런 것이구나' 하면서 감탄하였고, 사내 강의 때마다 이 장면을 꼭 설명하였다.

사진에 나오는 다수의 사람들이 주머니에 손을 넣거나 낙담한 듯 아래를 내려다보는 데 반해 박태준 회장님만은 정면을 응시하고 자신감 있게 걷는 모습이 보인다. 나는 경영을 책임지는 CEO는 리더로서 이러한 태도를 견지해야 한다고 생각한다. 이러한 자신감 있는 표정이 아무것도 없는 황량한 모래바람 날리는 해안을 오늘날 웅장한 자태와 세계 제일의 경쟁력을 갖춘 포항제철소로 바꾸어 놓지 않았나 생각한다. 경영자의 내면은 고독하다. 어려운 상황에서 조직을 이끌어 나가야 하는 경영자의 역할은 결코 쉽지 않다. 임원이라는 일부 참모들이 있고, 개인적인 조언을 구할 사람들이 있다고 해도 결국 최종 결정은 스스로 해야 한다. 리더도 인간이기에 미래를 완벽하게 예측하고 의사결정을 할 수는 없다. 최선을 다해 정보를 수집하고 상황을 파악해 결정을 내리지만, 엄밀히 따져서 그 결정이 옳다는 보장도 없다. 그렇더라도 리더는 조직의 명운을 가르는 의사결정을 해야 하는 입장에 설 수밖에 없다. 특히 리더의 선택이 위기를 맞은 조직 전체의 운명을 결정하는 상황이라면 고독과 두려움에 휩싸이는 것은 어쩌면 당연한 일이다. 이러한 경우 그를 인도해 줄 롤 모델이 필요하다는 것이다. 경영자는 어떠한 경우에도 흔들려서는 안 된다. 비록 돌아서서 한숨을 짓더라도 자신감으로 두려움을 극복해 내야 한다. 리더의 자신감, 용기와 투지야말로 조직을 이끌어 가는 출발점이라는 사실이다.

롤 모델이나 멘토는 경영 분야에 국한할 필요는 없다. 존경심의 발로가 되는 분들과 만나서 이야기하는 것도 마음을 어느 정도 치유하는 과정이 될 수 있다. 우리는 가끔 찾아뵙고 흉금을 털어놓을 수 있는 분이 필요하다는 것을 느낀다. 기나긴 삶의 여정에서 스승이나 은인의 도움은 큰 영향을 미친다. 필요할 때 나타나 올바른 방향으로 이끌어 주는 분들을 자주 만나야 한다. 롤모델을 보면서 스스로

숙명여대 글로벌서비스학부 최동주 교수가 박태준 회장님이 2008년까지 포스코 임원 회의록, 언론 기사, 강연에서 언급한 117만 7919개 단어 가운데 12만 4176개를 데이터화해 분석한 결과를 강의할 때 들을 기회가 있어 노트한 내용이다. 회장님의 발언을 미국 마거릿 허먼 박사가 설계한 7가지 '리더십 특성'을 활용해 연구했다. 나는 이 강의를 두 시간 들으면서 가슴 한구석이 뭉클해졌나.

깨우치고 정신적인 여유를 가지게 된다. 혹시 그런 분이 있다면 지금이라도 가끔 찾아가 보기를 권한다.

---

1. http://www.weeklytoday.com/news/articleView.html?idxno=421
2. 송복 외 다수, 태준이즘, 도서출판 아시아, 2012년 4월, 51쪽

청송 주왕산을 올랐다.
왕거암을 지나 산자락을 타고 내려오다 보면
독립가옥 한 채와 전통찻집이 있다.
여기에 마흔이 다 되어가는 듯한 부부가 살고 있다.
움막처럼 생긴 부엌에 들어가 보면
사진 판넬이 몇 장 걸려 있다.
전에 그들이 무엇을 했는 지 어렴풋이 짐작은 되나
지금은 동동주를 담고 파전을 굽고 있다.
남편은 손님들을 위해 통기타를 치며 노래를 부른다.
흘러간 노래이지만 오가는 등산객들의 시선을 끌기에는
충분하다.

전통찻집 앞에서 바라보는 떨어지는 해가 산자락에 묻혀
반사되는 석양이 더욱 아름답기만 하다.
오늘 흘린 땀과 같이 머리 속에 있는 복잡한 모든 것을
훌훌 털 수만 있다면…….

                    1998. 3. 1. 주왕산에서

베이비붐 세대의 총아 58년 개띠가 40세 되던 해
에 주왕산을 올랐던 흔적이 남아 있었다. 시도 아
니고 수필도 아닌 글 한 자락이 당시 40대 가장의
무거운 고뇌를 이야기하는 듯하다. 밤낮을 모르고
달려온 시간들에 대한 후회를 산자락 한번 타면서
훌훌 다 날려 보내고 다음날은 새로운 일상으로 돌
아간다. 그래서 자기만의 별도의 공간이 필요하다
고 생각한다.

25

자기만이 숨쉬는
별도의 공간을
마련하라

CEO를 해 보면 정말 시간과 정신이 없다. 만약 자신만의 시간이 많은 전문경영인이라면 단명으로 자리를 그만둘 것이라는 나의 믿음은 확실하다. 내가 경험한 이야기는 주관적일 수 있다는 생각에 서광원 생존경영연구소장이 쓴 「사장의 하루」라는 제목의 글에서 대기업 사장을 역임한 분의 말을 재인용하여 CEO의 하루와 빗대어 본다.

"사장이 되니 어떻게 하루가 가는지 모르는 날이 부지기수였어요. 출근하자마자 회의로 하루를 시작하고 나서 결재 몇 건 하고 전화 몇 통 받다 보면 점심시간이 됩니다. 대부분 약속이 있으니 얼른 나가야 합니다. 오후도 그래요. 거래처 한두 군데 들르거나 사업장 한두 군데 들르면 후딱 갑니다. 어디 바깥에만 있을 수 있나요. 내부 사람들도 틈틈이 만나야죠. 게다가 찾아오는 사람 안 만나줄 수 있니요. 길리오는 선화는 또 어떻습니까. 모두들 저만 찾습니다. 처음에는 반갑기도 하지만 나중에는 그런 마음이 싹 사라져요. 정작 해야겠다고 생각한 일은 시작도 못했는데 비서가 저녁 약속에 나가야 할 시간이라고 말해주면 허겁지겁 뛰어나가야 합니다. 저녁약속이라고 해도 친구들과 하는 건 거의 없어요. 일로 만나는 사람들이죠. 접대성 저녁이면 어디 한두 시간에 끝이 납니까. 그런 날이 하루도 아니고 일주일, 10일, 한 달, 두 달이 되면 허탈감을 넘어 뭔가 쫓기고 있는 기분이 듭니다."[1]

정말 대부분의 CEO는 이러한 일정이 반복되면서 1년이 석화광음(石火光陰)과 같이 지나간다. 그러다 보면 정신적으로나 육체적으로 빨리 지쳐 활력이 없어지고 매사에 열정도 식어 간다. 그리고 내가 일을 제대로 하고 있는 것인지 하는 걱정과 불안이 생기기 시작한다. 너무 바쁜 일정이다 보니 내가 직접 챙겨서 확인하는 것보다는 보고에 의존하면서 다른 분야에 대한 걱정 속에서 시간을 낭비한다. 그 불안들은 아직 일어나지 않은 미래의 일에 대한 걱정거리가 대부분이다. 매출은 줄지 않는지, 시장상황은 좋은지, 제품의 품질은 양호한지, 양심적으로 자재공급을 하고 있는지, 안전사고는 없는지, 화재예방은 잘되고 있는지 여러 가지 고민거리로 생각이 많아지면서 여유가 없어진다. 그래서 자기 자신만의 공간을 확보하는 것이 필요하다. 그 공간에서 자신을 치유하고 새롭게 만드는 기회를 가져야 한다. 여기서 내가 말하는 공간을 세 가지 의미로 구분하여 설명하고자 한다. 물리적 공간, 시간적 공간, 정신적 공간이다. 물론 명확히 구분할 수 없지만 설명하기 위해 편의상 세 가지로 구분한 것으로, 두 가지 혹은 세 가지가 한꺼번에 어우러져 이루어지는 것도 많다는 것을 미리 이야기해 둔다.

먼저 물리적 공간의 확보가 필요하다. 혼자만 있을 수 있는 서재와 같은 공간을 말한다. 뭔가를 하려고 해도 환경이 주어지지 않으면 어려울 수 있다. 그래서 물리적 환경을 잘 구성해야 한다. 서재를 갖추는 것은 가족에게도 상당히 모범적인 상징이 된다. 가장이 서재에서 책을 보거나 혼자서 생각하는 시간을 갖는 것을 본다면 가족들도 그러한 방향으로 시간을 소비할 가능성이 많다는 것이다. 의사 집안에서 의사가 배출될 확률이 높고, 판검사 집안에서 사법고시에 합격할 가능성이 크다는 것은 어릴 적부터 부모와 관련된 분야에 노출된 환경이 본인에게 익숙하기에 공부를 하더라도 접근이 용이하다. 그래서 서재가 준비된다면 혼자서 시간을 보내면서 일상에서 쫓기는 것을 치유할 수 있는 공간으로 활용하라는 것이다.

혹자는 집이 협소하여 서재를 만든다는 것은 생각할 수도 없다고 이야기한다. 나는 30평 아파트에 살 때는 거실을 서재로 만들었다. TV를 시청하거나 컴퓨터 작업 등 개인적인 일을 할 경우에

이 책의 최종 퇴고작업을 하면서 차 한잔과 케이크 한 조각으로 잠시 여유를 즐기면서 스마트폰으로 찍은 나의 서재 모습이다. 나는 책상을 방 가운데 두고 두 사람 이상이 앉을 수 있도록 하여 서재 활용도를 높였다.

는 아내나 자녀가 각자의 방에서 하도록 하였고, 거실에는 커다란 책상을 놓아서 공동으로 책을 보거나 가족의 공동 관심사를 논하는 장소로 만들었다. 가족끼리 거실에 모여서 노닥거리면서 TV연속극을 보다가 늦은 시각 잠자리에 드는 패턴을 나는 별로 좋아하지 않는다. 저녁시간은 하루를 정리하고 또 다른 내일을 준비하는 시간이기에 자기만의 공간에서 지내는 방법을 생각해야 한다.

둘째로 필요한 것이 시간적 공간이다. 시간적 공간이라는 표현은 모순된 단어의 나열이기도 하지만, 공간 안에 시간의 흐름이 있다고 생각하면 되겠다. 제21절에서 시간이 중요하다는 이야기를 한 적이 있는데, 이는 경영에 있어 전반적인 시간 관리가 중요하다는 것을 역설한 것이다. 여기에서는 자기만의 시간의 여유를 가지는 것이 중요하다는 의미로 이야기하고자 한다. 현대를 살아가는 우리들은 참으로 많은 시간을 일 속에 파묻혀 지낸다. 우리나라 사람들의 노동시간은 세계적으로도 단연 일등이다. 게다가 문명의 발달로 인하여 낮과 밤의 구별도 희미하게 되어 상시 피로와 수면 부족에 노출되어 있다. 치열하지 못하면 살아남지 못하는 환경이기에 사회가 24시간 가동되는 듯하다. 이를 극복하기 위해 개인적인 시간을 가지거나 휴가가 반드시 필요하다는 것이다.

휴가를 잘 활용하라고 강조하는 이유는 시간의 소중함 때문이다. 일하는 시간과 쉬는 시간은 같은 가치를 지니고 있다는 것을 사람들은 쉽게 망각한다. 일하는 시간이라서 귀하게 사용하고, 쉬는 시간이라서 막 써도 되는 것이 아니다. 일하는 시간에 경제적 효용이 있다면 쉬는 시간에는 정신적 효용이 있다. 어떻게 쉬었는지에 따라서 일하는 효율이 달라질 수 있다. 제대로 휴가를 다녀오지 못한 사람들 중 일부는 시간이 없어서, 돈이 없어서, 체력으로 인하여 등의 이유를 든다. 하지만 시간, 돈, 건강이라는 삼박자가 완벽한 시기는 우리 인생에서 거의 없다는 것을 경험적으로 알 것이다. 하나가 부족하더라도 최선의 계획을 세워 여가시간을 잘 보내야 한다. 휴가는 스스로 만드는 것이지 누가 가라고 권장하지 않는다는 점도 알아야 한다.

셋째로 필요한 것이 정신적 공간이다. 정신적인 것은 머리와 관련된 것이어서 개인이 머릿속 공간을 잘 비우거나 채울 수 있어야 한다. 사회생활을 오랫동안 해 온 성인들은 혼자 있는 시간을 견디지 못하는 경우가 많다. 여행을 가도 단체여행, 식당을 가서도 회식중심, 술을 먹어도 삼삼오오 모여서 먹지 혼자 먹지를 못한다. '인간은 사회적 동물'이라고 아리스토텔레스가 이야기했듯이 인간은 선천적으로 군집본능을 가지고 있다. 대부분의 사람은 두려움과 안락함 때문에 무리의 일부가 되어 수동적이고 특징 없는 삶을 살아간다. 자신만의 삶을 살기 위해서는 자기만의 특화된 시간을 가져야 한다. 정신적 공간은 사색의 의미가 많다. 단순히 사색하는 시간만을 가진다고 되는 것이 아니다. 어떠한 주제와 관련한 생각을 모아 보는 것이 사색이라 할 수 있다. 사색과 관련된 정보나 기억을 되살리면서 머릿속을 정리한다는 의미다. 정신과 전문의 이시형 박사는 자신이 쓴 『위로』라는 책에서 다음과 같이 이야기하고 있다.

"그런데 누구와 함께 있다고 외로움이 사라질까요? 또 그 관계는 영원히 지속되기나 할까요? 어머니의 몸에서 분리되는 순간 인간은 외로울 수밖에 없는 존재입니다. 그러니 누군가와 같이 있으면 외롭지 않을 거라는 생각은 헛된 기대일 뿐입니다. 물론 함께하여 좋은 순간도 있습니다. 마찬가지로 혼자라야 가능한 일도 있게 마련입니다. 산책, 독서, 사색, 자기반성, 계획, 꿈 등이 그렇습니다. 이때 우리가 느끼고 즐기는 것은 고독감(孤獨感)이 아니라 고독력(孤獨力)이어야 합니다. 고독감은 수동적이며 감상적인 측면이 강한 데 반해, 고독력은 능동적인 마음 상태로서 혼자일 수 있는 힘을 말합니다. 고독감이 마이너스의 감정이라면 고독력은 플러스의 힘입니다. 그런 만큼 혼자의 시간을 축복으로 여기며 즐길 줄 아는 사람이 진정으로 강한 힘을 가진 사람입니다."[2]

나이가 들면서 혼자 보내는 시간이 점점 많아지기에 지금이라도 '자기만이 숨쉬는 별도의 공간'에서 지내면서 혼자만의 시간을 보내는 방법을 잘 연구하라는 의미도 있다. 60세가 지나면 점점 사회활동이 줄어들어 홀로 보내는 시간이 많아진다. 미리 혼자 지내는 방법을 잘 터득해야 나머지 인생을 보내는 데도 별 무리가 없을 것이다. 현재는 골프를 같이 치고 있으나 이들 또한 평생 간다는 보장이 없다. 술을 마셔도 건강상 같이 마셔 줄 사람이 없게 된다. 그래서 혼자서 지내는 별도의 방법이나 취미생활을 미리 모색하는 자기만의 공간이 필요한 것이다.

1. 서광원, 사장으로 산다는 것, 흐름출판, 2005년, 초판 49쇄, 249~250쪽
2. 이시형, 위로, 생각속의집, 2011년, 초판 3쇄, 17~18쪽

● 에필로그

포스코에서는 매월 셋째 주 토요일 오전 8시 30분에서 12시까지 토요학습을 실시하고 있다. 계열사를 포함한 전체 임원 및 그룹장 1천여 명을 대상으로 8년 동안 운영되어 왔으며 경영환경, 비즈니스 트렌드, 문리통섭, 역사 분야의 저명한 인사를 초청해 강의를 듣고 있다. 2012년 7월 28일 토요학습 시간에 이순신 장군의 명량대첩에 대한 이야기를 들은 다음날 새벽, 강의에서 들은 가슴 뭉클한 내용의 여운이 가시기 전에 진도대교로 한달음에 달려가서 울돌목을 내려다보았다.

칠천량해전으로 조선 수군이 궤멸당한 후 이순신이 삼도수군통제사로 재임명되었을 당시, 선조와 조정에서 수군을 없애고 육군으로 통합하려는 의도에 이순신은 "지금 신에게 아직 12척의 전선이 있사오니 죽을 힘을 다해 막아 싸우면 능히 대적할 방책이 있습니다.(今臣戰船尙有十二, 出死力拒戰則猶可爲也)"라고 장계를 올려 수군을 지켰으며, 1597년 9월 15일 왜선 330척과 맞붙은 명량해전에서 "반드시 죽고자 하면 살고, 살고자 하면 죽는다.(必死則生 必生則死)"라는 임전결의를 다지고 명량해전을 승리로 이끈다.

우리나라의, 아니 이 세상 모든 CEO들은 이순신과 같은 자세로 항시 일을 한다는 것을 나는 CEO가 되고 나서야 알았다. 새로운 광고 사업을 시작할 때 자금과 인력의 턱없는 부족을 감내하던 시

전남 해남군과 진도군 가운데 해협에서 벌어진 명량해전 상황도.

절은 나에게 달랑 12척의 배가 있었고, 승주 CC 주변에 2012년 한 해에만 신설 골프장이 6개나 문을 열어 적자가 우려되었을 때는 '사즉생'의 각오로 고객유치 마케팅을 했던 기억이 난다. 포스코 계열사로 모사에 의존한 안락한 온실 속 '화초경영'이 아닌 '야생화경영'을 해야 변화무쌍한 경영환경에 신속히 대처할 수 있다는 것을 절감했다. 그래서 이번에 그동안 CEO로서 경험한 내용을 글로 남기고자 하였다. 사실 이 책에 실은 글들은 평상시 내가 필요하다고 생각되는 내용을 모아 놓은 것의 일부다. 이 책은 독자들을 위해 썼다기보다는, 나 자신의 시금석으로 삼고자 중요하다고 판단되는 내용을 정리해 놓은 것이다. 앞으로 경영 일선에서 몇 년은 더 뛰어야 하기에 바쁘다는 핑계로 잊어버리면 안 될 내용을 적어 놓은 것이고, 나아가서는 틈나는 대로 내용을 보충하면 먼 훗날 더 좋은 내용의 책으로 거듭날 수 있으리라고 본다.

유필화 교수는 이러한 CEO의 마음을 「사장일기」라는 제목으로 한 편의 시를 만들었다. CEO라면 공감 가는 부분이 많은 시이다. CEO의 심정을 제대로 토로한 것 같은 이 시의 첫 소절과 마지막 소절을 옮겨 본다.

하늘이 무너져도 땅이 꺼져도

회사는 굴러가야 한다

경기가 아무리 나빠도

고객이 아무리 까다로워도

경쟁사가 어떻게 나와도

나는 이익을 내야 한다

(중략)

내 가슴은 새가슴, 긴장은 나의 일상

외로움은 나의 벗이다

도전정신은 나의 주식(主食)이요

희망은 나의 버팀목이다

누가 뭐라 해도 나는 이 자리가 자랑스럽다

내가 잘하면 수많은 중생들의 행복을

무한히 증진시킬 수 있으므로.

다시 태어나도 나는 이 길을 가련다

글을 쓴다는 것은 엄청난 에너지를 요구하는 작업이다. 많지 않지만 지금까지 책을 내는 동안 너무 많은 노력을 기울인 탓에 잇몸이 솟구치는 경우가 빈번했다. 다시는 책을 쓰지 않으리라 결심하였건만, 어느 정도 시간이 경과하니 또 몹쓸 병이 도지는 것 같다. 이번도 예외는 아니다. 치과에 몇 번을 갔는지 기억나지 않는다. 그러나 글을 쓰고 책을 만든다는 것이 다른 사람에게 도움이 될 수도 있지만, 나 자신을 성찰할 시간을 준다는 데 더 의미를 부여하고 싶다. 책은 일부 인용하는 글도 있지만, 본인의 생각을 옮겨 적은 글이 대부분이다. 그래서 나름대로 많은 지식을 쌓는 노력을 기울여야 한다. 그리고 글을 쓰려면 지긋이 눌러 앉아서 한 가지에 몰두하는 끈기가 요구된다. 은근과 끈기가 없다면 다른 많은 유혹거리에 휩싸여 종이 한 장 채우기도 어렵다.

이제 나의 이름이 적힌 여섯 번째 책을 마지막으로 하고 당분간 여유로운 시간을 가지고자 한다. 무작정 여행이라도 가야 할지 아니면 다른 무엇을 해야 할지 고민 중이다. 늘 이야기하지만, 고민이 있다는 것은 또 다른 미래를 준비한다는 것이고, 미래를 준비한다는 것은 내가 지금 살아 있다는 증거이다. 지금 나는 살아 있다. 그리고 내 이력서에 새로운 이력을 한 줄 써 넣기 위해 또 다른 도전을 모색하고 있다.

CEO가 고민해야 할 25가지

오브제 방식으로 서술한 실전 경영학
조직의 리더들이 꼭 알아야 할 경영의 기본

초판 1쇄 인쇄   2013년 07월 12일
초판 1쇄 발행   2013년 07월 19일

지 은 이 | 박세연
펴 낸 이 | 손형국
펴 낸 곳 | (주)북랩
책임편집 | 박민용   편집 | 유화재   표지디자인 | 최성임
교열교정 | 이재교
출판등록 | 2004. 12. 1(제315-2008-022호)
주   소 | 서울시 금천구 가산디지털1로 168 우림라이온스밸리 B동 B113~114호
홈페이지 | www.book.co.kr
전화번호 | (02)2026-5777
팩   스 | (02)2026-5747

ISBN 978-89-98666-89-7   03320

이 도서의 국립중앙도서관 출판시도서목록(CIP)은 서지정보유통지원시스템 홈페이지(http://seoji.nl.go.kr)와
국가자료공동목록시스템(http://www.nl.go.kr/kolisnet)에서 이용하실 수 있습니다.

(CIP제어번호 : 2013011074)